나는
지금 화해하는
중입니다

임만옥 지음

(주)광문각출판미디어

맺힌 것은 언젠가 풀지 않으면 안 됩니다.

우리가 지구인으로 사는 한 인간관계에서 상처받지 않고 혹은 상처 주지 않고 살아갈 방법은 없습니다. 생각할 수 있는 인간만이 누릴 수 있는 특권입니다. 이십여 년 상담해 오며 많은 사람이 공통으로 힘들어하는 것들에 관한 이야기를 쓰고 싶었습니다. 도대체 무엇이 이토록 우리를 힘들게 하는 걸까요?

살면서 수없이 귀로 듣고 입으로 내뱉는 말을 이곳에서도 예외는 아니었습니다.

"선생님 일을 하면서 참 어려운 게 많아요"

"그래요? 뭐가 그렇게 힘들어요?"

"사람이요, 사람이 제일 어려운 것 같아요. 그동안 많은 사람을 만나오면서 그래도 제법 사람을 이해한다고 생각했는데 아닌 것 같아요."

그렇습니다. 사람 참 쉽지 않습니다. 아무리 마음공부를 한다지만 '열 길 물속은 알아도 한 길 사람의 마음속은 모른다'라는 속담처럼 자기 자신도 모를 때가 투성인데 다른 사람 마음까지 어떻게 알 수 있을까요?

이 책은 사람으로 인해 자유롭지 못한 우리들의 이야기입니다. 사람, 관계, 사랑, 이별, 미움, 화도 처음 시작은 사랑이었음을 알게 되었으면 좋겠습니다. 사랑은 우리가 살아가는 데 필수적인 감정입니다. 사람과의 관계는 사랑을 통해 연결되었고, 우리 모두의 이야기에는 사랑이 존재합니다.

인간만이 생각하는 동물입니다. 그러니 다른 사람과의 관계에서 어떤 오해를 받거나 믿었던 사람에게 실망하게 되면 마음 한구석이 병이 들게 됩니다. 당연합니다. 하지만 맺힌 것은 살아 있을 때 풀어야 합니다. 영영 풀지 못하고 장례식장에서 풀 수는 없습니다. 마음의 병이 몸의 병을 키웁니다. 미워하는 것도 내 마음이고, 좋아하는 것도 내 마음에 달린 일입니다.

이 책은 자신을 찾아 떠나는 여행으로 시작합니다.

말하지 못한 희미한 기억을 찾아 모험을 준비하며 곧 만나게 될 자신, 애써 외면했던 지난날의 아픔, 미움의 상자를 열고 마주할 용기를 담았습니다. 그리고 여정의 끝에서 자신이 찾아 떠났던 여행은 결국 '나 자신'을 찾는 일이었다는걸 알았으면 좋겠습니다.

내 안에 살고 있는 또 다른 나에게 치유의 말을 들려주고 싶었습니다.

한 아이가 슬그머니 제 등을 토닥이며 간지럽게 말합니다.

'선생님이 먼저 화해하세요?' 여전히 저도 쉽지 않습니다. 이제 '진짜 어른'이 되어야 할 시간이면 좋겠습니다.

화해의 사전적 정의는 싸움하던 것을 멈추고 서로 가지고 있던 안 좋은 감정을 풀어 없앤다는 뜻입니다.

부족하지만 이 책이 독자의 마음에 화해의 문을 여는 등대가 되기를 소망합니다. 이런 마음이 독자분들에게 닿아 편안하고 평온한 나날이 되기를 바랍니다.

임만옥

목차

1

내 안에 살고 있는
또 다른 너

1

내 마음속에는 괴물이 산다

"요즘 잠에서 깰 때마다 악몽에 시달려요."

40대의 한 남자는 밤마다 괴한에게 쫓겨 도망치기를 반복하다 꿈에서 깬다는 고민을 털어놓았다. 밤마다 영문도 모른 채 매일 악몽에 시달린다는데 하루가 얼마나 피곤할까? 불면증 초기 증상까지 보이는 남자는 핼쑥한 얼굴로 이야기를 이어갔다. 그는 자신이 평소 동료들 사이에서 친절하다는 평이 자자하다는데, 유독 시간에 대해서는 타협하질 못한다고 한다.

계획된 일이 틀어지게 되면 불같이 화를 내고 물건을 부숴 버리고 싶은 충동에 시달리는데, 운동 시간을 맞추지 못했다는 사소한 일로도 그렇게 되기 일쑤라는 것이었다. 곧 그런 본인의 성격을 후회하지만, 이미 엎질러진 물을 주워 담을 수는 없지 않겠는가. 이러한 불같은 성격으로 주변 사람에게 상처 주고 나서야 제정신이 든다는 남자는 그럴 때마다 누가 자신을 조종하는 것 같아서 자기 안에 괴물이 사는 것은 아닌지 하는 생각이 든다고 했다.

과연 괴물은 누구일까? 또 그 모습은 어떻길래 괴물이라는 표현을 하게 될까? 뮤지컬 〈웃는 남자〉의 '내 안의 괴물'에 나타나 있는 가사처럼 "난 알아, 분명해. 너의 환상을 채울 내 안의 괴물. 하늘도 외면한 너의 얼굴. 숨겨둔 내 안의 괴물을 비춰 주네." 괴물은 환상일 수도 있고 일부러 모른 척 외면하려는 숨겨둔 자신의 본모습인지도 모른다.

칼 융Carl Jung의 심리학에서도 꿈이나 신화에 등장하는 상징이나 인물들을 '내 안의 일부'로 보고 있다. 상징을 이해하려면 상상력이 풍부해야 하고 직관력도 필요하다. 괴물을 '상징'이라는 심리학적인 관점에서 바라보면 심리적으로 '경계하는 것' 또는 '두려움'을 나타낸다고 볼 수 있다. 이처럼 '상징'에는 담겨 있는 의미도 많다. 꿈을 통해 억압을 이해해 보면 어떨까? 융은 우리 자신의 열등한 부분에 대해 스스로 인식하게 될 때, 그 열등한 부분을 변화시킬 수 있는 가장 좋은 기회라고 강조했다.

이처럼 본인이 알지 못하는 또 다른 모습으로 자신 안에 인간의 본능이 숨어 있다는 것을 이해할 수 있어야 한다. 그 또한 자신의 일부임을 말이다. 나 역시 당황할 때, 예기치 못한 사건, 돌발적인 상황에서는 어김없이 내 안의 괴물이 튀어나오는 걸 느끼곤 한다. 몇 해 전 고속도로에서 앞으로 끼어들었다고 끝까지 쫓아오는 운전자에게 참다 참다 폭언과 경적을 마구마구 울려댔던 기억이 난다. '괴물'이라는 존재는 언제 어떤 모습으로든 숨어 있다가 때를 기다리는 건 아닌지 하는 생각마저 든다.

사람은 누구나 나약한 면이 있기 마련이다. 유달리 특정 요소에 시달리고 있다면 더더욱 그럴 것이다. 마음이 조급해지면 욕을 내뱉고 자신도 모르게 피가 맺힐 정도로 손톱을 물어뜯는다든지, 자신을 스스로 망치게 하는 것, 혹은 머리를 땅에 부딪치며 흐느끼는 행동 등을 지나고 난 뒤에 후회할 일을 매일같이 반복하는 것들이다.

인간은 어째서 마음속의 괴물을 잠재우지 못하는 걸까? 일찍이 한국 정신치료학 이동식 선생은 "사람은 저마다 핵심 감정이 자리하고 있으며, 본인도 모르게 반사적으로 나오는 오랜 습관이 '괴물의 정체'라고 하였다. 주체할 수 없는 감정과 같은 괴물은 장난감을 쥐고 성을 내는 아이와 같기 때문이다. 괴성을 지르고, 흥분하고, 과격한 행동을 일삼는 아이는 늘 내 곁에 있는 존재이자 길들일 수 있는 존재이다.

이 문제는 모녀 관계에서도 자유롭지 못하다. 엄마가 유독 딸에게는 관대하지 못하고, 무엇을 해도 이내 트집 잡기 일쑤인 모습을 흔히 접해 볼 수 있다. 상담에서 마주하는 어머니들의 고뇌는 거울을 마주 본 것처럼 내가 느끼는 문제와 비슷한 것이었다. 내가 가진 결핍을 고스란히 딸을 통해 채우려는 것처럼 말이다.

그렇다면 반대로, 괴물을 인정해 보는 것은 어떨까? 내 안에 있으니 괴물 또한 나의 일부임은 틀림없다. 우린 어차피 같은 방을 쓰는 처지가 아니겠는가!

매일 밤 악몽과 싸우는 남자는 어느 날부터인가 쫓기지 않고 멈춰서서 그가 지나가기를 기다렸다고 한다. 한참을 지난 뒤에 다시 걷자 괴물은 자신의 보폭에 맞춰 어깨를 나란히 하고 걷기 시작했다. 그 변화가 서서히 악몽에서 벗어나고 있다는 방증인지 아닌지 아직은 알 수 없다. 분명한 것은 자신의 주체할 수 없는 감정이 습관이었다는 것을 인정함으로써 느끼게 된 안도감이 그를 더는 악몽에 머물러 있게 하지 않았다는 것이다. 잠드는 일이 한결 가벼워졌다는 남자의 이야기는 우리에게 많은 감회를 준다.

우리 마음속에는 늘 두 괴물이 싸우는 중이다. 그렇다면 '나는 어떤 녀석을 선택해야 할까?' 자기를 비하하는 괴물과 공격하려는 괴물이 있다면, '나는 누구에게 몸을 맡겨 어떤 괴물이 되어야 할까?' 여기에 정답은 없다. 중요한 건 괴물을 쫓아내는 것이 아니라 자기 안의 괴물들을 데리고 잘 엉겨 붙어 사는 것이리라.

나이가 들어 몸 이곳저곳에서 신호가 온다. 대비할 새도 없이 어느 날 갑자기 고장이 나 있는 걸 알아차리게 된다. 이미 많이 썼고 앞으로도 계속 써야만 한다. 어떻게 하겠는가? 예방은 다름 아닌 더 악화되지 않도록 조심하는 거다. 취약한 부분을 알아서 다스리며 살아나가는 것처럼 자신 안의 서투른 성격의 괴물과도 어떻게든 잘 지내는 방법을 미리 찾는 것이다. 눈이 아프면 아픈 걸 인정하고 눈을 쉬게 하듯이, 다리가 좋지 않으면 규칙적인 운동을 하듯이, 배가 자주 아프면 찬물 대신 따뜻한 물을 마시는 습관을 들이는 것처럼 말이다.

어떻게 하면 내 안의 괴물과 잘 어울려 살 수 있을까?

"I'm OK! You're OK!" 이 말을 많이 들어 봤을 것이다. 정신분석가 토마스 A. 해리스의 말이다. '나도 당신도 이만하면 괜찮다'라는 말은 '나는 괜찮은데 당신은 문제야' 또는 '나는 별로인데 당신은 좋은 사람이다'라는 뜻이 아니라 '나도 괜찮은 사람이고, 당신도 괜찮은 사람이다'라는 말이다. 생각과 태도를 점검하라는 충고임이 틀림없다.

우리 안의 괴물도 하나의 인격체로 받아들여 보자. 혹독한 사춘기를 겪어 내는 자녀를 대하듯이 다뤄 보는 방법을 권한다.

첫째, 모른 척하기. 무관심해 보자는 얘기다. 감정 노동이라는 말도 있듯이 우리 감정도 때때로 쉬어 줄 필요가 있다. 아이가 다양한 경험을 쌓아가고 있을 때 한발 물러서 조용히 지켜봐 주듯이 자신의 감정에도 그러한 접근법을 취해 보는 건 어떨까? 너무 예민해서 자신을 달달 볶지 말라는 이야기가 되겠다.

둘째, 이해다. '너 또 그럴 줄 알았어'가 아니라 '너도 당연히 그럴 수 있어'라며 당시의 마음을 인정하고, 공감하고, 이해해 주는 것이다. 당장은 머릿속으로 받아들여지지 않더라도, 마음만 앞서고 있는 자신을 위에서 내려다보듯이 거리를 두며 이해하는 시간을 충분히 주기 바란다. 감정은 결국 시간이 흐름에 따라 조금씩 여과되어 가며 언젠가 온전히 자신의 것이 되는 것처럼 말이다.

셋째, 믿어 주는 것이다. '이 정도는 충분히 참을 수 있을 거야'. '넌 곧 괜찮아질 거야'. 곧바로 버럭버럭하며 예민하게 굴지 말고 금방 제자리로 돌아올 거라고 확신하고 자신을 기다려 주는 믿음의 연습을 쌓아 보자.

사실 믿는다는 것은 주관적인 억지에 불과하다. 남을 믿을 때, 혹은 자신을 믿을 때 그건 정말로 100% 신뢰할 수 있어서 믿는다는 것일까? 아니다. 믿고 싶다는 마음, 믿어 보고 싶다는 마음이 구체화되어 타인 또는 본인에게 강요하는 억지야말로 믿는다는 감정의 본질이다. 따라서 믿는다고 마음먹었을 때, 그 마음이 꼭 보답받지는 않아도 된다. 먼저 억지를 부린 건 내 쪽이니까. 중요한 건 끈기를 갖고 계속해서 믿어 보겠다는, 언젠가는 보답받고 말겠다는 의지이다. 그렇게 점점 나는 자신을 믿을 수 있을 만큼 강한 사람이 되어 간다.

우리는 곳곳에서 위기와 마주치는 자신의 모습과 만나게 된다. 당연히 거쳐 가야 하는 과정인 것처럼 적당히 어울려 살아가 보자. 우리가 살아가는 방식은 어디에서나 다르지 않을 것이므로 "내 마음속에는 괴물이 산다"라는 말은 많은 사람이 공통으로 가지고 있는 내면의 고민과 갈등을 표현한 말이다. 이 괴물은 때로는 공포, 때로는 불안, 또 때로는 분노와 같은 부정적인 감정으로 나타난다.

하지만 이 괴물을 부정하거나 무시하지 않고 과감히 대면하고 이해한다면, 우리는 그것을 조종하고 삶을 향상하는 방법을 찾을 수 있다. 그것이 곧 우리를 지배하고 삶을 암울하게 만드는 것에 자신의 주도권을 놓치지 않는 방법이다. 이것이 자신을 이해하고 사랑하는 것으로부터 진정한 행복을 찾아가는 지혜로운 방법이 아닐까?

2

홀로였던 너를 만나다

사람들을 만나고 그들의 이야기를 들으면 나는 궁금해진다. 그래서 "당신의 어린 시절은 어떠했나요?"라는 질문을 자주 한다. 예상외의 대답을 듣게 되는 예도 있지만, 많은 사람이 조심스럽게 "선생님, 저는 늘 혼자였어요."라는 이야기를 꺼낸다.

> "어릴 적 나는 외로웠고 쓸쓸했고 누구도 나에게 관심이 없었어요. 아빠는 일 나가시고 엄마는 늘 바빴죠."

우리는 왜 그리 홀로였던 적이 많았던 걸까? 어릴 적 정서가 미치는 영향은 여전히 어른이 된 현재까지 우리의 삶에 영향을 주고 있기 때문이다.

"어린 제 모습은 언제나 외로운 아이로 기억되어요." 혹은 "저는 어릴 적 모습의 기억이 전혀 없어요. 도무지 생각이 나지 않아요."

누구는 혼자였고, 누구는 아무도 존재하지 않는다. 미술 치료에서 어릴 적 나의 모습 그리기는 이런 내담자들에게 유용한 도구가 된다. 자신을 그려 보고 시간 여행을 떠나 보는 것이다. 희미하지만 기억을 찾아내고, 존재에 없던 자신을 발견하고, 그 과정에서 우리는 종종 전혀 몰랐던 나와 대면하기도 한다.

수줍기만 했던 나로, 부끄럼쟁이로, 울보였던 나로 기억되지만 당찬 구석도 있었고, 할 말을 다 하는 옹골찬 면도 있고, 사람들을 웃게 만드는 나도 있었다는 걸 알아차린다. 사람들의 반응은 매우 다양하다. 어느 분은 "그럼 그렇지! 제가 그랬을 거라는 생각이 들긴 했어요." 하며 흐뭇해하고, 누구는 "저도 늘 혼자가 아니었네요. 다행이에요." 하며 안도했다는 표정을 짓기도 하고 안쓰러움에 펑펑 울기도 한다. 모두가 자기 자신이니까요.

어린 시절의 나를 마주하는 일은 쉽지 않을 것이다. 하지만 미술치료 현장에서 많은 사람이 위로를 받고, 슬픔을 승화하고, 자신과 만나 화해하고 치유를 시작하는 걸 보게 되는 일은 경이롭기까지 하다.

늘 외톨이로 상처투성이로만 기억하는 자신의 그림에서 다른 사실들을 찾아낸다. 첫 번째 그림은 마당 한가운데 혼자 웅크리고 앉아 뭔가를 그리고 있는 아이. 두 번째 그림은 혼자 뭔가를 그리고 있는 아이 주변에 친구들이 몰려와 신기하게 바라보고 있는 그림.

한 사람의 그림에서 두 장면이 그려지는 광경은 가끔 믿어지지 않을 만큼 놀라운 경험을 하게 한다. 저마다의 인생에서 홀로였던 자신만 간직했던 그 숲을 가 보는 여행은 또 다른 나를 찾게 되는 과정임이 틀림없다.

이런 경험은 궁금증이 생기게 마련이다. 지금까지 믿고 있었던 사실이 자신이 생각했던 것과 전혀 다른 경우의 수로 나타날 때 어떤 것이 사실인지 그 궁금증은 인생을 바꿔 놓을 수 있게 되기도 하니까요.

숲에 가면 나무를 보라고 한다. 나무를 제대로 보려면 그 나무의 뿌리를 보아야 하듯이 사람도 마찬가지이다. 자신의 뿌리를 알아야 한다. 어디로 어떻게 뻗어나갔는지를 긴 시간을 함께하다 보면 많은 잔뿌리들이 보인다. 그들의 이야기가 그 속에 담겨서 새순으로 돋아나오기 시작한다. 봇물 터지듯이 시간을 넘어 공간을 우리는 함께 여행한다.

자신이 늘 혼자여서 외로웠고 참으로 가여웠다는 생각이 들곤 했는데 나도 친구가 있었구나! 그림 속에서 재해석되고 상징을 통해 위로되는 경험을 받는다. 그때 우리는 비로소 인지적 왜곡에서 빠져나올 수 있다. 어떤 모습이 어릴 적 나일까? '나는 그랬을 것이다'라는 추측은 가끔 우리를 함정에 빠뜨리기도 한다. 어른이 되고 나서야 알게 되었다는 고백은 자신에게 매우 미안하기도 한 것처럼 말이다.

"어릴 적 당신 집의 분위기는 어떠했나요?"

이 질문은 우리의 정서를 알 수 있게 해 준다. 자신의 기억 속에 자리하고 있는 분위기는 곧 나를 대변해 줄 수 있기 때문이다. 밝음과 어두움, 슬픔, 공포, 절망, 기쁨, 환희 그 안에서 당신은 어떻게 지냈나요?

"우리 집은 언제나 시끌벅적했어요. 늘 사람들이 오고 갔어요.",
"TV 소리만 들렸죠. 늦둥이라 엄마 등에 업혀서 구경만 했어요.",,

"우리 집은 언제나 조용했어요. 엄마도 아빠도 그래서 제가 내성적인가 봐요.", "우리 집은 맨날 시끄러웠죠. 아빠가 술 드시고 오는 날은 꼭 무슨 일이 생겼어요.", "장례식장 분위기가 생각나요."

우리는 각자 자신들이 느꼈던 기억을 떠올리게 된다. 과거가 현재를 지배하기도 한다. 어릴 적 정서적으로 소외되었다면 어른이 된 지금도 여전히 소외의 결핍이 힘든 과제처럼 남게 된다. 사람들과의 관계에서도 스트레스를 더 많이 받게 되고, 감정적으로 불안감을 더 느끼며 일상생활에서도 많은 영향을 미치게 된다.

이 책을 읽는 독자들의 어릴 적 분위기는 어떠했는지 궁금해진다. 따뜻하고 충분한 보살핌 속의 기억이라면 너무나 좋은 일이지만, 부정적인 정서로 기억된다면 어릴 적 자신의 감정을 이해하는 시간을 가져 보길 권한다. 홀로였을 나에게 성인이 된 지금 그를 만난다는 건 내 삶을 더 유익하게 살아내기 위한 시간이 될 것이다.

나는 가끔 나도 모르게 읊조리는 시구가 있다. 혼자이고 어딘가 마음이 허해질 때, 소외되었다고 느낄 때 여지없이 튀어져 나오는 시구로, 서정윤 시인의 〈노을 초상화〉란 시다.

"내 삶의 쓸쓸함을 모아 태우면
이런 냄새가 날까,
늘 너무 빨리 가고 있다는 생각으로
돌아서 보면
지친 얼굴로 따라오는 그림자

길게 누워 바라보는 눈길이 멀다."[1]

여고 시절에 한참 시가 유행이었다. 시집을 통째로 외우고 잠 못 들던 시절이 있었다. 그때의 그 시가 어른이 된 지금까지 나에게 영향을 주고 있다. 내 안 깊숙이 말이다. 그때는 왜 그리 고독했을까? 사회적 배경이 우리를 쓸쓸하게 한 걸까? 가끔 그때로 따라가 보기도 한다. 어릴 적 나의 쓸쓸함의 근원을 찾아서….

평소 동료 선배를 잘 따르던 후배가 하루는 시무룩해져서 물었다. "선배가 저를 오해해서 요즘에 저를 보면 아는 척도 안 해요. 너무 속상해요. 어떻게 하면 좋을까요?" 마음이 여린 후배는 곧 울어 버릴 것만 같다. 나도 그 선배를 잘 알기에 대체 무슨 일인가 물었다. 얘기인즉, 급한 일로 집에 가는 길에 선배가 오는 걸 못 보고 그냥 지나쳤는데 그날 이후 자신에게 냉담하다는 것이었다. "정말 그런 건지 선배한테 직접 물어보면 어때요? 오해했다면 서로 풀면 되고…." 나는 조심스럽게 말했다. 그 후에 만난 후배는 예전의 밝은 모습이었다. 그룹에 혼자 남겨질까 두려웠던 후배는 소외되었던 어릴 적 기억을 소환하며 전전긍긍했었던 것이다. 나중에 들려준 선배의 말은 오해였다며 손을 절레절레 저었다. 서로 바빠서 미처 못 봤던 거였다고. 둘의 관계는 다시 아무 일 없이 흘러갔다.

다행히 후배는 닫힌 마음을 열기 시작했고 다른 사람과 관계에서도 두려움을 밀어내는 중이었다. 종종 이런 비슷한 고민을 털어 놓는

---

1) 서정윤, 2019, 《홀로 서기》, 연인(연인M&B), p.37

친구들이 있다. 용기 낼 준비가 되었다는 신호란 걸 알기에 마음을 다해 응원을 보낸다. 고백은 자신에게 솔직해지는 시간이다. 늘 누군가 눈치를 봐야 했고, 하고 싶은 말이 있어도 끝내 말 못 하고 돌아서는 경우가 빈번히 일어난다. 자신이 조금 더 예민한 사람이라면 더욱 그럴 것이다. 그때 그러지 말 걸 왜 아무 말도 못 했을까? 집에 돌아와 멍청한 짓을 하는 자신을 볼 때면 자꾸만 자괴감이 들 것이다. 자신의 이런 태도가 못마땅하고 좀 더 당당해지기를 바랄 것이다. 정서는 온몸으로 파고들기 때문이다.

일흔이 넘으셨던 어르신은 당신의 어린 시절을 이렇게 회상했다. '부모님의 기대가 커서 장남의 역할을 무겁게 주었다. 동생들을 잘 돌봐야 하고, 너는 우리의 장손이며 네가 잘돼야 한다. 늘 책임감과 잘해야 한다는 강박이 자신을 짓눌렀다'고 한다. 어른이 된 지금, 그 아이를 만나면 꼭 해 주고 싶은 말이 "그냥 자유롭게 살아라. 네가 하고 싶은 대로 살아 봐라."라고 말해 주고 싶단다. 살면서 책임감은 자신을 옭아매고 해방되기 어렵다는 걸 이제야 아는 나이가 참으로 야속하다 하신다. 예순이 되어도 일흔이 되어도 우리는 홀로였던 내가 안쓰럽기는 마찬가지다.

어릴 적 나는 어떤 말이 듣고 싶을까 생각해 본다. 화해라는 주제로 다양한 곳에서 많은 사람과 이야기를 한다. 그들의 이야기에 빠지다 보면 어쩜 이리도 비슷한 상처들이 많을까?

홀로였던 나를 만나는 시간은 자신을 치유하고 어른으로 성장하는 데 꼭 필요하다. 잠시 시간을 내어 보는 건 어떨까? 내 안에 살고 있는 또 다른 너에게.

3

아직 어른이 되지 못하는 사람들

일곱 살 된 딸이 엄마에게 조목조목 따지며 말한다.

"엄마 급하게 말하지 말고 천천히 또박또박 다시 말해 봐. 엄마는 급하면 제대로 말을 못 하잖아.", "엄마는 왜 이걸 못해. 다시 해 봐."

아이는 엄마의 행동이 맘에 들지 않은지 계속 엄마를 주시한다. 엄마는 어이없는 표정을 지으며 '얘가 또 시작이네' 하며 흔한 일상이듯 무시한다. 심심찮게 볼 수 있는 엄마와 딸의 좌충우돌은 주변에서 자주 목격되는 일이라 놀랍지 않다. 맹랑하기도 하고, 엄마한테 저럴 수 있나 하기도 하겠지만, 아이의 행동을 살펴보면 곧 이해가 되기도 한다.

아이 눈에 비친 엄마의 모습은 어른 같지 않은 모양이다. 급해지면 당황하고 버벅거리며 말하는 엄마, 핸드폰 사용법을 알려줘도 몇 번을 틀리고 결국 자신이 해결해 줘야 끝이 나니 아이는 속 터지고 답답하기만 하다. 그런 엄마를 보면서 아이 나름대로 내가 엄마를 챙겨야 한다고 하는 기특한 생각을 하는 건지도 모른다. 요즘의 어린아이들은 필자가 중학생 시절에나 가져 보았던 생각을 이미 능가한다. 아이는 일찌감치 철이 들지만 엄마는 아직 어른이 되지 못하고, 우리는 아이 눈으로 엄마 눈으로 그렇게 바라본다.

엄마를 가르치려는 딸 옆에 엄마는 말문이 막히는 건지, 그 말이 맞는 건지 헷갈린다. 말싸움에서 으레 지기 일쑤인 엄마는 그냥 말이 숨어진다. 왜 딸 앞에만 서면 작아지는가? 일곱 살이든, 열두 살이든, 사춘기가 되면 할 말은 더 없어지지만 말이다. 내가 엄마인지 딸이 엄마인지 알다가도 모를 일이다.

나이가 들면서 이 논쟁거리는 어느 순간 바뀌어 있다. 아마 친정엄마 마음이 지금의 내 마음일 거라는 생각이 든다. 이래서 인생은 돌고 돈다고 했나 보다.

어른이 된다는 건 하고 싶은 걸 내 맘대로 하지 못하는 것이 아닐까? 그건 바로 눈치 때문일 것이다. 남의 눈치를 봐야 할 일들이 많아진다는 뜻이다. 자식에게, 부모에게, 가족에게 눈치 볼 일이 많아지니 내 맘대로 안 된다. 눈치도 잘 봐야 한다. 잘못했다간 더 눈치가 없다는 소릴 들을 수 있다. 특히 딸을 조심하자!

어른이 된다는 건 고달픔임이 틀림없는 것 같다. 아이들이 가끔 부럽기만 하다. 할 말 다 하고 아니라고 정중히 거절도 잘한다. '고진감래'라는 신조어가 있는데, 그 뜻은 '고용해 주셔서 진짜 감사하지만 집에 간다'는 말이라고 한다. 아르바이트를 하루 해 보니 자신과 맞지 않는다. 눈치를 볼 것도 없다. 그냥 싫으면 싫은 거다. 나랑 안 맞으니 그만두겠다는 거다. 나랑 맞는 일, 다른 일을 또 찾으면 그뿐이다. 필자가 어렸을 때는 아르바이트 구하기도 어려웠고, 혹시 잘릴까 봐 하나라도 더 하려고 전전긍긍했다. 그렇지 않으면 일자리가 날아갈 판이었으니까. 눈치는 몸에 자연스럽게 걸쳐야만 했다.

그러니 어른이 된 지금까지 여기저기 눈치 보며 할 말을 못 하고 산다. 어른이지만 어른이 되지 못하면서 말이다. 여기서 신조어 하나 더 익혀도 좋다. '갑통알', 즉 '갑자기 통장을 보니 아르바이트를 해야겠다'라는 뜻이란다. 거참 기특하기도 하다. 스스로 독립된 자아로 성장한다고 해석하고 싶다. 또 아이들은 참으로 거침이 없다. 요즘 '미운 네 살'이라고 하는데…. 어머니들은 입을 모아 혀를 내두른다. 아이의 발달을 공부해야만 양육이 가능해지는 시대가 되었다.

놀이치료실에 오고 가는 아이들은 이곳이 자기 집처럼 편한가 보다. 이보다 더 치료적인 관계는 없겠지만, 그만큼 솔직히 표현하고 눈치 보지 않는다는 얘기일 것이다. 자기 차례가 되면 놀이실을 금세 자기만의 세계로 장악해 버린다. 놀이치료사로 옷을 입을 때 나는 그들의 세계에 초대받는 사람이 된다. 전쟁을 하고 괴물을 물리치고 친구, 공주, 왕자가 되는 과정을 즐길 뿐이다. 그 시간 속에서 아이들은 자라고 성장한다.

사회에서 또는 가정에서 수용 받지 못한 아이는 욕망을 채우고 지시와 통제에서 벗어나 모험을 떠난다. 나는 이곳이 아이들을 건강한 사회로 이끄는 장소라고 늘 생각한다. 놀이실은 가정이고 작은 사회다. 낮에 속상했던 상황을 역할극으로 재현하면서 친구가 되어 보고, 엄마가 되어 보고, 아하! 그럴 수도 있겠네요. 입장이라는 걸 아는 나이로 커 나간다. 여기서 우리 아이들은 화내고 울부짖고 맘껏 표현하고 해소한다. 이렇게 맘껏 누려 보고 잘 무장해서 다시 사회라는 문을 열고 나가게 된다. 또 넘어지고 상처가 난다. 그럴 때마다 이곳의 경험이 아이를 지탱해 주리라 오늘도 믿는다. 다시 힘들 때 찾아와 맘껏 발산하는 장소이기를 바란다.

아이들은 많은 혜택을 누리고 풍부한 경험을 한다. 부모는 정보의 홍수 속에 허우적거리니 시각이 달라질 수밖에 없다. 그러니 어른이면서 어른이 되지 못한다. 어른도 이런 곳을 경험하면 좋겠다는 생각을 많이 한다. 모래놀이 등 다양한 분야의 치료가 있지만 접근성은 그리 많지 않다. '내가 무슨…' 하면서 스스로 굴레를 깨뜨리기 어렵다. 자신의 프레임을 빨리 깰 때 우리는 어른으로 한 발 내디디게 될 것이다.

친구들 사이에서 금실이 좋다고 알려진 부부가 지인들 모임에서 일어난 일이다. "약도 혼자 못 먹어요." 그녀의 남편은 약봉지를 뜯어서 부인의 손바닥에 쥐여 준다. 물도 따라 줬다. 식당에서 그 모습을 지켜보던 그 부부의 친구들은 두 편으로 나뉘었다. 한쪽은 "어머, 세상에 자상도 하셔라." 다른 한쪽은 "지금 뭐 하시는 거예요?" 부러움과 시샘으로 부부싸움이 벌어질 판이었다.

그의 남편은 원래부터 그랬다고 한다. 결혼해서 처음부터 은행 일, 서류, 크고 작은 일들을 모두 남편이 도맡아 했다. 부인의 말은 그러니 내가 할 수 있는 일이 하나도 없고 해 보지 않아 은행도 혼자 못 간다고 한다. 남편은 부인이 애 같아서 맡기지 못하겠고 부인은 자신을 바보로 만들어 놓았다고 했다.

부러워만 할 일은 아니다. 결혼하고 처음엔 뭐래도 다 해 주고 싶은 마음이 있다. 챙겨 주고 보살핌을 받는 건 서로에게 얼마나 기분 좋은 일인가. 누군가 나의 존재를 빛나게 하는 것이니까! 그게 서로 좋은 친밀감으로 애틋함이면 문제될 것이 없다. 하지만 어느 한쪽의 의견을 수용하지 않은 채 일방적이면 문제가 될 수밖에 없다. 갈등의 요소로 작용하게 된다. 불만이 쌓일 때 친절은 더 이상 친절이 될 수 없다. 결혼은 환상의 시간을 거쳐 정서적 독립의 시간을 거쳐야 한다. 독립된 어른으로 성장해야 한다. 그래야 건강한 삶으로 살아갈 수 있다.

하지만 우리는 스스로 어른이 되기를 거부하기도 한다. 댄 카일리 Dan Kiley는 그의 저서 《피터 팬 증후군》에서 신체적으로는 어른이 되었지만, 책임을 지고 싶지 않아 자신의 의지로 무언가를 결정하지 않으려는 심리 상태가 있다고 했다. 어른이면 누구나 져야 할 사회적 책임을 회피하고 육체적으로는 이미 성숙했으나 사회에 적응하지 못하고 스트레스나 불안을 느끼게 되면 아이처럼 행동하는 퇴행의 방어 기제를 사용한다.

60이 넘은 딸에게 여전히 당당하게 요구만 하는 어머니도 존재한다. 받는 것에 익숙한 사람들이 저지르는 실수 중 하나가 바로 당연함에서 오는 착각이다. "내 생일에 친구들을 초대하려고 하니 음식 준비해라.", "너는 잘사니 언니를 챙겨라."라는 등 부탁이 아니고 지시를 한다. 늘 받기만 해서 그런 줄로 아는 것이다. 아이가 떼를 쓰더라도 시기가 되면 독립을 시켜야 하는 것처럼 어른도 마찬가지이다. 의존이 심하게 되면 무조건 보호받고자 하는 욕구가 지나친다. 자신이 원하는 대로 욕구를 충족시키기 위해 자꾸만 주변 사람을 괴롭히고 끊임없이 매달린다. 어릴 적 부모로부터 과잉보호를 받고 자랐다면 자기밖에 모르는 의존적인 사람으로 될 가능성이 클 수 있다.

아이에게만 국한되지 않는다. 반대로 자식이 부모에게 과잉보호한 예도 이와 유사하다. 그렇게 어른이 되지 못하고 어린아이로 살아간다. 주변 사람 누군가를 의존하고 방패로 삼는다. 우리는 어른이면서 아직 어른이 아니라고 말한다. '언제 어른이 될래?' 하며 자신을 향해 묻기도 하고, 이미 어른이 될 준비가 되어 있으면서 아니라고 한다.

어른의 사전적 의미는 다 자란 사람 또는 다 자라서 자기 일에 책임을 질 수 있는 사람이라고 정의되어 있다. 어떤 모습으로 어른이 될 것인가는 자신에게 달려 있다.

"당신은 어른인가요?"

지금부터 나도 어른입니다.

4

여전히 불편한 관계

"우리의 인생은 우리가 무엇을 부족하다고 여기는지에
따라 달라진다."

- 알프레드 아들러 -

오랜만에 동료를 만나기로 한 날이다. 서둘러 가는 중에 전화벨이
울렸다. 한 시간 정도 늦어지니 양해를 부탁한다는 내용이었다. 잘
됐다 싶어 근처 서점으로 향했다. 예기치 않은 서점 나들이는 기분을
좋게 한다. 신간을 훑다가 확 내 눈에 꽂힌 책을 발견했다. 《나는 왜
저 인간이 싫을까?》 '와! 제목 한번 잘 지었네.' 표지까지 마음에 들었
다. 더구나 오카다 다카시 선생님의 책이라 더 반가웠다.

우리가 흔하게 주고받는 대화 중 하나가 "난, 그 사람 정말 싫어
요."이다. 여기서 그 사람은 직장 동료이거나, 남자친구의 친구거나,
가족 중의 누구 또는 자신과 전혀 관계없는 사람일 수도 있다.

우리는 왜 이토록 싫어하는 사람이 생길까?

나는 왜 저 인간이 싫을까?

살다 보면 꼭 이런 사람 만나게 되는 경우가 있다. 왜 그렇게 그 인간이 꼴 보기 싫을까? 요즘 너나 할 것 없이 인간관계가 제일 어렵다는 소리를 많이 듣게 된다. 우리가 살아가면서 관계만큼 힘들고 지치고 불편한 일은 아마도 없을 것이다. 유독 자신만 그런 것이 아니니 너무 기죽지 말자.

인간관계에서 일어나는 모든 사건이 행해지고 치러지고 움직여지는 결과에는 많은 이유가 있게 마련이다. 살면서 핑계 없는 무덤이 없다는 말처럼 모든 일이 나 자신이 의도했던 것과 다른 모습을 보일 때 우리는 그 사람을 미워할 수 있는 핑계가 생긴다. '왜 저래? 만만찮네, 와! 재수 없어.'라고 자신의 관점으로 타인을 바라보는 시선, 이것을 인간의 천성이라고 한다. 생각해 보면 불편해지는 관계의 시작은 그 사람을 내 기준에 맞추어 놓고 또는 나의 기대치를 스스로 정해 놓고 그가 그 안에 들어오기를 바랐기 때문이다.

선을 먼저 그어 놓고 '너는 이만큼은 할 거야' 하는 기대를 바라고 있다. 기대치에 미치지 못하면 미움은 걷잡을 수 없고, 나는 저런 인간이 정말 싫다가 될 수 있다. '매번 똑같은 행동을 반복하면서 다른 결과를 기대하는 것은 미친 짓'이라는 아인슈타인의 말에서 교훈을 얻어 보자.

가만히 생각해 보면 미움으로 변하는 시점이 비교에서 비롯되는 경우를 종종 보게 된다. "내가 너한테 얼마나 잘해 주었는데…" 나도 모르게 보상 심리가 작용하게 된다. 특히 연인 사이라면 더더욱 그럴 것이다.

상처가 없는 삶은 있을 수 없듯이 인간관계의 갈등은 있게 마련이다. 기대하고 비교하다 보면 서운함이 나를 지배할 수 있다. 감정에 지배를 받게 되는 나약한 인간이기에 아무리 아니라 해도 의도치 않아도 불편한 관계가 뒤따를 수밖에 없다. 결국 자신에 대한 이해와 통찰이 생길 때 인간관계에서 조금이라도 자유로워질 것이다.

대학에 다니는 발랄하고 깜찍한 여학생은 의외로 강의실에 들어갈 때마다 주눅이 든다고 했다. 모두가 자기를 쳐다보고 수군거리는 것 같고, 수업 시간에도 자꾸 신경이 쓰여 집중할 수가 없다고 했다. 이렇게 말도 잘하고 의사 표현도 잘하는 친구가 이런 고민을 한다니 의외였다. 내 딴에는 "너무 예쁘고 부러워서 다들 쳐다보는 거 아닐까?" 하고 긴장을 풀어 줬지만 역효과였다.

여학생은 그런 자신이 얼마나 답답하겠는가. 남의 시선에 유난히 예민한 사람들은 타인이 전혀 관심이 없는데 자신의 마음은 그렇지 않은 것이다. '날 보고 있구나!' 날 쳐다보고 있다고 생각한다. 그러니 행동이 자유롭지 못하고 남을 의식하게 되는 거다. 더 예민한 사람이라면 얼굴까지 빨개진다. 하지만 그건 착각이다. '그럴 것이다'라고 드는 생각이 자신을 지배하기 때문이다. 사실상 몇 명은 볼 수도 있다. 하지만 그 몇 사람 시선 때문에 나의 소중한 시간을 허비해야 하는가? 그가 나를 본다면 나도 함께 보자. 한 번 두 번 마주하다 보면 자연스럽게 받아들이는 자신을 보게 될 것이다. 이런 경험은 학생들뿐 아니라 어른도 마찬가지다. 하지만 자신을 한번 돌아보자. 나는 다른 사람에게 그토록 관심이 많은가? 다른 사람이 하는 행동 말 하나까지 신경을 쓰고 있는가? 아마도 그렇지 않을 것이다. 친한 관계가 아니라면 그다지 관심이 없을 것이다. 그가 뭘 하고 있든지 내가 상관할 바가 아니니까요.

지하철을 타면 사람들이 자기만 쳐다보는 것 같아 시선을 어디에 둘지 모르겠다고 고민하는 친구도 있다. 그렇다면 사람들을 한번 둘러보자. 금방 알아차리게 된다. 다들 핸드폰을 하고 있고, 잠을 자든가 넋 놓고 있는 걸 볼 수 있다. 자신에게 하나도 관심이 없는 현실을 알게 된다. 여전히 불편한 관계는 자신이 이미 불편할 거라고 생각하는 데서 출발하게 된다. 기우이다.

살아 보니 사는 게 참 바쁘다. 나도 너도 바쁘고 어른이나 아이 할 것 없이 각자 자신들의 소임을 수행하느라 정말 바쁘다. 그러니 타인의 시선을 의식하면서 나를 초라하게 만들지 말고 그럴 시간에 자신에게 집중하면서 세상 편하게 살기를 바란다. 내가 생각하는 것만큼 세상 사람들은 나에게 관심이 없다. 나도 그런 것처럼 말이다.

여기 백 명의 사람들이 있다고 가정해 보자. 그 사람들이 다 나를 좋아하면 사는 게 얼마나 피곤하겠는가? 날 좋아하는 한 사람 한 사람 모두에게 신경을 써야 하지 않을까? 그중에 절반은 날 좋아하고, 반은 나에게 관심이 없고, 반은 날 싫어해 줘야 사는 맛이 나지 않겠는가.

아무리 인기 좋은 배우라 해도 안티가 있게 마련인 걸 우리는 너무나 잘 알고 있는 사실이다.

심리학 용어 중에 '그림자'라는 개념이 있다. 융의 분석심리학에서 보면 '무의식적으로 자신에게 열등한 부분을 타인에게 투사하고 비난하는 것'이라고 설명하고 있다. 다른 사람의 행동 중에서 유난히 내 마음에 들지 않는 부분이 있다면, 그건 바로 나 자신에게 그런 면이 있을 가능성이 크다는 이론이다.

본인이 싫어하는 사람이 곧 자신이기도 하다. 저 인간이 왜 싫은가 했더니 자기와 닮았기 때문이라고 하면 대부분 사람은 말도 안 된다고 한다. 사실 아니기도 하지요. 하지만 자신이 인지하지 못했던 자신의 그림자를 찾게 되는 경우도 상담에서는 자주 목격하게 된다. 당신이 싫어하는 사람을 떠올리며 그가 왜 싫은지 생각해 보자.

"자기밖에 모르는 이기적인 사람이에요.
배려라곤 찾아볼 수가 없어서 싫어요."
"뻔히 보이는 거짓말을 해요. 속이 다 보여요.
손해 안 보려고 잔머리 굴리는 사람이에요."
"이성 앞에만 가면 태도나 행동이 확 바뀌는 사람이에요.
여우 같고 바람둥이 같아요."
"말로만 고맙다고 하면서 정작 행동은
하나도 고마워하지 않은 이기적인 사람이에요."

각자에게 많은 답이 있을 것이다. 그 사람을 생각하면 그냥 싫고, 그가 뭘 해도 꼴을 보기 싫다면 무엇 때문에 그 인간이 그렇게 싫은지 알아보는 시간을 갖자. 그리고 그 사람의 특성이 혹여 내 안에 있는 건지도 함께 보자. 내가 가지지 못한 부분을 그는 가지고 있기 때문인지도 들여다보자. 그리고 다시 한번 가만히 생각해 보자.
'나는 왜 저 인간이 싫을까?'
'나만 싫은 게 아니라 그도 나를 싫어할 수 있겠구나!'
'내가 재수 없다고 생각하면 그도 나를 재수 없다고 생각하겠구나!'

타인을 손가락질하면 나머지 손가락은 자신을 향한다는 것을 명심하고 남을 탓하기 전에 자신의 태도를 되돌아봐야 한다.

결혼한 부부가 매일같이 부부 싸움을 한다고 상담소에 찾아왔다. 아내는 남편의 행동이 못마땅하고, 남편은 아내의 잔소리가 듣기 싫고 마음에 드는 게 하나도 없는 듯 서로 등진 채 각자 할 말만 쏟아냈다. 한참을 듣는 데 열중했다. 꽤 긴 시간이 지나고 나서야 더는 쏟아낼 말을 찾지 못하는 듯 부부는 조용해졌다.

차를 끓이면서 부부에게 말했다. "조금 더 하시죠. 차는 식어야 맛이 있답니다." 그제서야 부부는 서로의 얼굴을 보며 자신의 행동이 멋쩍었는지 뒷머리를 긁적이며 웃어 보였다. 부부는 참 알다가도 모르는 세계다. 처음 만날 땐 그가 보였던 행동 때문에 마음이 설레고 그녀의 다정한 말이 살얼음도 녹일 수 있었던 시절이 있었는데, 그런 마음이 다 어디로 간 걸까?

얘기를 들어보니 이 문제로 내일이면 또 부부 싸움을 할 게 뻔했다. 인간은 같은 실수를 반복하기 때문이다. 재미있는 건 그걸 안다는 것이다. 그러니 처방은 따로 없다.

"싸움은 이제 지겹게 하셨잖아요. 이제부터 인생을 즐겁게 살 때도 되지 않았습니까?"

세상 사람들이 모두 나를 좋아하기를 바라는 건 아니지 않는가? 절대 그런 일은 일어나지 않는다. 결국 미워하는 감정은 여전히 자신 안에서 자신을 불편하게 만들 뿐이다. 나 자신과 편해져야 타인과의 관계도 편해질 수 있다.

5

내 안에는 몇 명이 살고 있는 걸까?

늦은 점심을 먹은 탓에 시간의 여유가 생겼다. 직업병이라고 우리는 서로를 놀려대지만, 잠깐의 휴식을 그냥 넘기지 못하고 금세 토론의 장이 된다. 지금 우리는 몇 사람의 역할을 해내며 살아가고 있는 걸까? 최소 열 명은 될 것 같다고 입을 모아 얘기한다. 역할이 버겁다는 이야기일 것이다.

그중에 제일 막내는 거침없이 말한다. "전 가끔 제가 배우라는 착각을 해요. 배우는 어떤 배역이든 주어지면 다 해내잖아요. 제가 그렇거든요. 그래서 연말에는 누가 트로피라도 줬으면 좋겠어요. 출연료는 못 받더라도요." 우리는 웃으며 맞는 말이라고 맞장구를 쳤다. 막내의 표정이 사뭇 진지해 보였기 때문에 트로피는 꼭 우리가 챙기겠노라고 약속하며 잡담 시간을 끝냈다. 그렇다. 우리는 모두 배역에 충실한 배우임이 틀림없다.

일을 하다 보면 유난히 힘이 드는 날이 있다. 뭘 해도 흥이 안 나고 괜스레 센티해진다. 몸에 면역력이 떨어지면 자신의 취약한 부분에서 먼저 신호를 보내는데, 재빨리 알아차리면 예방할 수 있지만 그렇지 않으면 이미 바이러스는 온몸에 침투해 버리고 만다. 자신의 몸을 챙기면서 일하는 게 말처럼 쉽지 않고 미리 대비하기가 여간 어려운 게 아니다.

하루가 길게만 느껴질 때 이런 물음이 생긴다. 나는 왜 이렇게 지치는 걸까? 또 이토록 허전한 이유는 무엇인가? 내 안에 살고 있는 너라는 나 때문에 어떤 날은 한없이 충만해지고, 어떤 날은 우울감에 빠지기도 하고, 또 다른 날은 한없이 실의에 젖기도 한다. 모두가 나일 텐데 유독 힘겨운 나를 만나게 될 때면 그를 거부하고 싶다. "나는 이만큼만 했으면 좋겠어!" 하고 울부짖는 소리도 가끔 내게 된다.

하루는 누구에게나 24시간이 주어진다. 모든 사람에게 시간만큼 공평한 것은 없다. 불변이다. 어떤 이는 하루가 부족할 정도로 정신없이 지나가고, 어떤 이는 시간을 어떻게 보내나 고민한다. 직장에서는 과한 업무로, 집에서는 육아와 가사로 힘겨워하는 워킹맘을 자주 만나게 되는데, 참 열심히 사는 모습에 감탄이 나온다.

우리는 살면서 역할이라는 굴레를 쓰고 살아가게 되는데, 그중에 엄마로 살아간다는 건 언제나 힘든 일이다. 특히 요즘 시대엔 더욱 그렇다. 엄마라는 이름 안에 수많은 사회적 역할을 감당해야만 한다. 아이들 엄마로, 아내로, 딸로, 며느리로 혹은 직장에서 주어지는 직책으로 어디에 속하느냐에 따라 한 사람의 역할이 많게는 열 가지도 된다. 수시로 원더우먼이 되어야 한다는 뜻일 것이다. 24시간이 모자랄 정도로 동분서주한다.

만약 자신에게 그만큼의 역할을 감당할 정신 건강이 있다면 문제 되지 않는다. 실제 그런 분을 만나면 나까지 에너지를 받게 된다. 하루를 즐기면서 산다는 것은 축복이며, 이런 분이라면 자신의 역할을 즐겁게 수행하는 사람일 것이다. 반면 많은 역할에 힘겨워하고 도무지 이걸 어떻게 감당해야 하나, 내 삶은 너무 버겁기만 하다고 느끼는 사람들의 고민도 상대적으로 많다.

아이들 부모로 사는 것이 제일 힘들다는 어느 예능 프로에서 젊은 부부에게 "아이 볼래요? 일할래요?" 묻기가 무섭게 손을 번쩍 들고 누가 먼저랄 것도 없이 "저 일하러 갈래요."를 외쳤던 장면이 생각난다.

부모로 산다는 건 가끔 숨고 싶고, 도망치고 싶고, 투명 인간이 되고 싶은 마음이 들게 하는 건지도 모른다.

"저에겐 맡은 소임이 너무 많아요."
"스트레스가 폭발해요."

나이가 들면서 역할은 더 늘게 마련이다. 남성이든 여성이든 모두에게 마찬가지이다. 우리는 누군가의 아들로 딸로 살아가면서 수많은 역할을 거쳐 간다. 아빠라는 무거운 짐을 지며 남편으로, 장남으로, 상사로, 혹은 가장으로 역할을 해내며 하루에도 몇 사람의 직분으로 일을 해내야 한다.

모든 역할에서 만족한다는 것은 참 어려운 일이다. 책임감이 쌓이고 의무감 때문에 강박감이 생기기도 한다. 나는 최선을 다한다 해도 상대는 만족하지 않을 수 있다. 잘해도 부족하고 못 해도 부족하다. 스스로 자신이 할 수 있는 만큼의 기준을 정하고 연습해 보자. 다른 사람의 욕구에 모두 충족시켜야 한다는 생각은 자신을 무기력하게 만들 수 있다.

> "내 안에는 내가 없어요. 오로지 남을 위해서만 헌신하고 봉사하느라 정작 내가 누구인지 모르겠어요. 힘든 상황을 보면 그냥 지나치지 못해요. 그렇게 여기저기 다 챙겨 주느라 정작 가정에서는 지쳐 모든 게 귀찮아져요."

가족 치료사인 버지니아 사티어는 나는 누구인가를 묻는 의사소통에서 이런 유형을 회유형이라 일컫고, 이런 유형을 일상생활에 너무 고착하게 되면 건강하지 못하게 된다고 하였다. 남을 위한 배려가 몸에 배어 있고, 늘 나보다는 타인에게 초점을 맞추다 보면 정작 나는 없고 무가치하게 느껴져 삶이 피폐해질 수 있다고 경고했다.

"살아남기 위해서 하루에 네 번의 포옹이, 계속 살아가기 위해선 하루에 여덟 번의 포옹이, 그리고 성장을 위해선 열두 번의 포옹이 필요하다."라고 한 사티어는 관계를 잘하기 위해서는 먼저 자신과 잘 지내라는 교훈을 전해 준다.

정년을 맞이하신 교장 선생님은 퇴임하고도 몇 년간은 교장 선생님이라는 그 직함에서 벗어날 수 없었다는 이야기를 들려주셨는데, 이처럼 역할에서 해방되기 또한 어려운 일이기도 하다.

오랫동안 쓴 감투가 내 의지대로 쉽게 벗겨지지 않는 예는 흔히 볼 수 있다.

"저희 남편은 집에서도 회사 임원이에요. 아마 우리를 부하 직원 쯤으로 여기는 것 같아요."

"저는 며느리지 딸이 아니잖아요. 며느리로 봐주셔야 편한데 꼭 딸이었으면 바라시는 것 같아요. 저는 엄마 딸로도 턱없이 부족해 죽겠는데 어떻게 시어머니는 저를 딸 역할까지 욕심내시는 지 모르겠어요."

"○○○ 씨 하고 제 이름을 불러서 깜짝 놀랐어요. 살아오면서 호칭으로만 불렸지 이름으로 불리지 못했거든요"

왕관을 쓰면 그 무게로 잠깐은 버틸 수 있을지 모른다. 하지만 그것을 벗게 되었을 때 방황하지 않도록 자신을 챙기는 것 또한 잊지 말자. 역할은 변한다. 아이가 커 가듯이 나의 역할도 변하게 된다. 부모에서 부모님으로, 딸은 엄마가 되고 아들은 아빠가 되며 자신에게 맞는 역할로 인생을 항해하게 된다. 그러니 우리 서로 누구는 어때야 하고 뭘 해야 한다는 생각은 곳간에 집어넣어 두도록 하자.

영화 〈82년생 김지영〉을 딸과 함께 봤던 기억이 있다. 그때 딸은 한참 수능을 위해 매진하던 시기였다. 영화 보는 도중에 딸은 펑펑 울었다. 순간 나는 당황했다. 딸이 먼저 울어 버리다니. 영화가 끝났을 때 두 눈은 퉁퉁 부어 있었다. 어느 지점이 딸의 마음과 닿았을까 생각해 봤다. 주인공의 대사에서 주인공의 환경에서 혹은 주인공의 처지에서 딸의 현재의 모습과 맞닥뜨린 걸까?

입시에 대한 스트레스, 친구 관계 등 여러 가지가 한꺼번에 몰려왔는지도 모른다. 그 무게의 압박이 얼마나 컸으면 그토록 아프게 다가왔을까. 마음이 짠했다. 학교에서는 학생으로, 친구의 친구로, 집에서는 엄마 아빠의 딸로 잘 해내고 싶은 마음이 오죽했으랴. 그런 딸을 마음으로 응원하는 것밖에 엄마가 해 줄 수 있는 게 많지 않았다.

아이는 아이대로, 어른은 어른대로 지치고 힘든 싸움을 할 때가 많다. 몇 명으로 사는 것보다 중요한 것은 현재 자신의 역할을 해내는 '나'에게 괜찮다고 말해 주자. 부족해도, 실수해도 괜찮다고 말이다.

아들러는 실수하는 것을 두려워하면 배울 수가 없다고 했다. 삶은 실수하면서 배워 나가면 된다. 그러니 역할에 힘겨운 고행으로 자신을 몰아세우지 말자. 그러면서 우리는 뭐든 거뜬히 해내는 '나'로 우뚝 서 있을 테니까, 자주 실수하면서 살자.

6

처음 가져 보는 감정이라는 세상

20대에 할머니와 이별을 했다. 눈물이 나지 않았다. 준비되지 않은 이별은 나에게 공허만 가져왔다. 멍하니 할머니 묘지에서 한없이 묻고 또 물었다. 왜 이리 빨리 갔냐고, 내가 돈 벌어서 해 줄 게 너무 많은데 하나도 받지 못하고 왜 그리 빨리 갔냐고, 그때서야 울음이 쏟아져 나왔다. 이게 슬픔인지 아픔인지 분간할 수조차 없었다. 할머니의 극진한 사랑을 받았던 나는 임종을 지켜 드리지 못한 것에 대한 깊은 죄책감을 느끼게 되었다. 내 스무 살이 빛나도록 누릴 수 있는 모든 것을 할머니는 내게 주었다. 세상에 귀하고 귀한 사람이 나의 할머니였음을 고백한다. 바쁜 엄마를 대신해 할머니는 우리들의 주양육자였다. 참 좋은 어머니 good enough mother였다.

영국의 정신분석가인 위니코트 D. W. Winnicott에 따르면, 좋은 어머니는 유아의 몸짓과 욕구에 거울 반응을 제공하는 '대상으로서 어머니'의 모습과 유아를 침범하지 않고 요구하지 않음으로써 고요함을 제공하는 '환경으로서 어머니'의 모습을 모두 갖춘 것이라고 하였다. 나의 할머니는 환경으로의 어머니였다. 그런 할머니를 떠나보내고 처음으로 느껴본 아픔이었다. 가슴이 오그라들며 싸한 느낌이 내 마음을 파고 흔들고 지나갔다. 슬픔이 이런 거구나. 세상에 태어나 이별이란 걸 처음 해본 스무 살의 어느 날 그때부터 나는 아프기 시작했던 것 같다.

알 수 없는 공허감이 나를 짓눌렀다. 쉽게 잠이 들지 못했고 나를 누르고 있는 그 알 수 없는 불안감이 나를 지배했다. 아마도 엄마를 대신한 빈자리에 대한 결핍이었으리라. 그토록 결핍을 두려워했던 나는 '스무 살 앓이'를 호되게 겪으며 청춘의 어느 한 순간을 지나왔다. 많은 시간이 흐른 뒤 할머니 부재가 익숙해질 즈음 내 감정을 알아차릴 수 있었다.

나는 마음껏 애도했다. 그렇게 할머니와 이별을 하고 사람다운 모습을 다시 찾을 수 있었다. 결핍이란 끊임없이 그 부족함을 채워가는 과정이라는 것도 알게 되었다. 할머니는 가셨지만 '성숙'이란 단어를 내게 선물로 주셨다. 그 선물은 바로 감정이라는 것이었다.

감정에는 분명히 이유가 있고, 왜 슬픈지 기쁜지를 알아차리게 한다. 내가 감정의 소용돌이를 겪고 보니 감정을 다루기가 한결 쉬워졌다. 그 후 자주 쓰는 방법인데, 감정에 이름을 붙여 보는 것이다. 감정 일기를 쓸 때 사용하는 방법이기도 하다.

가족치료 전문가인 존 가트맨 박사는 감정에 이름을 붙이는 것을 '감정이라는 문에 손잡이를 달아 주는 것'으로 비유했다. 즉 감정 명료화하기이다. 어떤 문이든 손잡이가 있으면 문을 여닫기가 쉬워지기 때문이다. 모호했던 감정에 적절한 이름을 붙이려고 고민하다 보면 그 과정에서 내 마음을 들여다볼 수 있게 된다. 내가 그를 미워하는 마음이 있었구나! 그래서 짜증이 더 났던 걸 알아차리게 되면 그 감정에서 빠져나올 수 있다고 했다. 우리에게는 누구나 자신을 괴롭히는 특정 문제가 있기 마련이다. 나만의 기준이지 타인의 기준이 아니라는 걸 알게 될 때 유연하고 포용적으로 될 수 있다.

"짜증나 죽겠어."라고 했을 때 감정에 이름 붙이기를 하는 과정에서 왜 짜증이 났는지 원인을 알아내 해결책을 찾아본다. 짜증나는 감정을 표현하면서 자신이 어떤 상황에 짜증이 나는지 구체화하면 추후 같은 상황에서 이성적으로 대처할 수 있게 된다는 거다. 쉬운 일은 아니지만, 반복하면 자신의 감정과 잘 지낼 수 있을 것이다. 유연한 생각으로 바꿔 보는 것도 살아가는 데 매우 유익하다.

"우리 가족은 내가 기대한 만큼 잘해 주었으면 좋겠지만
그럴 수 없다는 걸 알아."
"모든 일이 내가 바라는 대로 되면 좋겠지만,
항상 그럴 수 없다는 걸 알아."
"나는 모든 사람에게 사랑받고 싶은 마음이 있어.
그런 내 마음을 존중해."
"내가 하는 모든 일에 칭찬받고 싶은 마음이 있어.
그런 마음이 있구나."

정당하게 화를 내야 할 때는 화를 내고, 불쾌함을 표시해야 할 때는 불쾌하다고 말을 할 수 있을 때 감정을 건강하게 다룰 수 있다. 쉬운 일은 아니겠지만 함께 노력해 보면 좋겠다.

몇 해 동안 어르신들과 함께 집단 미술치료를 진행할 기회가 있었다. 오랫동안 노인 집단을 이끌어 갈 수 있었던 힘이 할머니의 선물이었다는 걸 그때 알게 되었다. 여전히 손녀를 향한 마음이 내게 닿고 있음을 느꼈다. 할머니와 애도 시간을 충분히 가졌기에 가능한 일이었고 여러 해 동안 어르신들의 부재에도 버텨낼 수 있었던 것 같다. 당장 내일도 기약할 수 없었던 돌발적인 일들, 반갑게 손잡아 주시던 할머니의 갑작스러운 위급 상황, 가늠하기 어려웠지만 함께 나눴던 지혜의 숲은 덤이었고 그분들과의 경험은 오래도록 내 인생의 온기로 남아 있을 것이다.

18세에 시집와 아이들을 낳고 일찍이 남편을 잃었다는 할머니의 그림 속 이야기는 감정을 추스르지 않고는 눈물을 삼킬 수 없었다. 어린 자식들과 살길이 너무나 막막하여 초가집 넘어 보름달이 두둥실 떠 있는 밤하늘을 하염없이 바라보고 서 있는 할머니의 모습은 우리를 숙연하게 만들었다. 일흔이 넘어 눈물을 훔치시는 할머니는 그렇게 젊은 시절 한 페이지를 회상하며 처절했던 당신의 처지를 아프게 위로했다. 처음으로 소리를 내 울어 보았다는 할머니, 우리는 함께 울었고 함께 아파했다.

그 아픔을 감정을 어떻게 추스르기나 하셨을까? 당장 생계가 눈앞에 닥쳤으니 감정은 사치가 맞는 말이었을 것이다. 어르신들의 삶에 초대되는 일은 나의 인생에 등불이 되었다. 그분들의 인생 한 장 한 장이 파노라마처럼 남아 있다. 훗날 나도 나의 선생에게 이렇게 경험 담을 들려주겠지. 아마도 지금 데자뷔가 일어나고 있는 건 아닐까?

감정일기를 쓰기 시작한 중학생이 들려준 이야기에 응원이 절로 나왔다.

"엄마는 나만 보면 화부터 냈어요. 나도 엄마만 보면 화가 났어요. 감정일기를 쓰면서 알았어요. 엄마가 나만 쳐다봐도 엄마는 화낼 거라고 생각이 먼저 들었던 걸요. 내 생각이었어요. 엄마는 내가 안 쓰럽고 측은한 마음으로 날 바라본 거였어요. 어젯밤에 엄마랑 대화하며 펑펑 울었어요. 이제는 엄마랑 잘 지낼 수 있을 것 같아요."

감정에 대한 사전적 정의는 '어떤 현상이나 일에 대하여 일어나는 마음이나 느끼는 기분'이라고 정의하고 있다. 최근에 속상한 일이 있었다면 그때 느꼈던 감정이 구체적으로 무엇인지 찾아보는 방법도 권한다. 지금 희로애락喜怒哀樂[2]의 어떤 감정에 머무르고 있는지를….

내 감정을 정확히 알 때 감정 다루기가 더 편해진다는 사실이다.
모든 감정은 그 나름의 이유가 있기에 자신에게 찾아오는 것이다. 그러니 인정해 주고 받아들여 함께 잘 다스리면서 친구처럼 인생을 같이 살아가자.

---

2) 희로애락(喜怒哀樂)은 사람이 살아가면서 느끼는 네 가지 감정(기쁨, 노여움, 슬픔, 즐거움)을 뜻한다.

7

도망치자, 무서웠던 기억으로부터

드라마 〈킬미, 힐미〉에서 배우 지성이 연기한 차도현 역의 주인공은 7개의 인격을 가진 인물이다. 다중인격장애를 소재로 한 드라마여서 개인적으로 관심이 컸지만, 배우 바라기도 한몫했다. 〈킬미, 힐미〉속 주인공들은 저마다의 아픔을 가슴속에 간직한 채 살아가고 있다. 주인공은 어린 시절의 상처로 인해 6개의 또 다른 인격을 가지게 된다. 그가 가지고 있는 인격들, 그 주변을 지키는 이들은 저마다 아프고 무서웠던 기억을 쏟아낸다. 현실을 살아가는 우리를 대신해 들려주는 사랑과 용기를 잃지 않게 하는 위로와 조언일지도 모른다.

"나한텐 힘들 때마다 떠올릴 수 있는 좋은 기억과 추억이 아주
많이 있지만, 이 사람한텐 그게 없어. 순간순간 시간과 기억을
잃으며 살아가. 나한텐 사랑하는 사람이 아주 많이 있지만,
이 사람은 사랑하는 사람이 있어도 붙잡을 수가 없어. 그래서

도와주고 싶어. 이제 그만 성 밖으로 나오게 해 주고 싶어. 그리고 알려주고 싶어. 친구가 되고 싶으면 손을 내밀고, 누군가 내민 손을 기꺼이 잡아도 된다는 걸."

사랑하는 연인의 아픔을 알고 그를 안타까워하며 하는 말이다. 손을 잡으라는 말은 '내가 옆에 있어 줄게. 이제 안심해도 돼. 그러니 용기를 내'라는 말로 들린다. 나쁜 기억 속에 자신을 꽁꽁 묶어 놓게 되면 영영 빠져나올 수 없을지 모른다. 누군가 손을 잡아 준다면 기꺼이 그 손을 잡을 용기를 내기 바라는 마음으로 응원했다. 서로가 가지고 있는 상처를 보듬어 줄 때 치유는 일어나기 때문이다.

우리는 살면서 예기치 않은 여러 일을 겪게 된다. 아무런 준비 없이 들이닥친 현실에서 두려움은 누구에게나 무섭게 엄습해 온다. 다만 사람들이 느끼는 모든 감정은 다른 모양을 한 것처럼 무게가 같을 수는 없지만, 어떤 사람은 견딜 만해지기도 하고 어떤 사람은 영원히 벗어나지 못하기도 한다. 공포를 느끼는 강도도 개인마다 다르듯이 자신의 상황이나 태도에서 차이가 있을 수 있다.

자해를 반복적으로 하는 아이는 자신의 행동이 별거 아니라고, 다른 친구들도 그런다고 대수롭지 않게 얘기한다. 이런 경우 보통의 아이들은 절대로 그렇지 않다는 것을 알려야 한다. 실제 극 중에서 자살을 시도하는 17세 소년과 비슷한 상황을 상담에서 마주하기도 한다.

"누구나 마음속에 여러 사람이 살아. 죽고 싶은 나와 살고 싶은 내가 있어. 포기하고 싶은 나와 지푸라기도 잡고 싶은 내가 매일매일 싸우면서 살아간다고! 넌 싸워볼 용기조차 없는 거잖아!"

"죽고 싶으면 죽어. 근데, 내일 죽어. 내일도 똑같이 힘들면 그다
음 날 죽어. 그다음 날도 똑같이 고통스러우면 그다음 다음 날
죽어도 안 늦어. 그렇게 하루씩 더 살아가다 보면 반드시 좋은
날이 와. 그때 정말 '안 죽길 잘했다' 싶은 날이 온다고."

여주인공이 소년의 자살을 막기 위해 울부짖으며 전했던 말은 그 당
시 드라마 치료를 적용하며 많은 도움을 받았다. 자기 자신을 직면하
도록 해 주는 일은 자신을 새롭게 이해되게 도와줄 수 있다. 자신을 바
로 보고 알아차리기 훈련을 통해 무서웠던 기억으로부터 나를 억누르
고 가뒀던 그곳에서 벗어나려는 노력이 절실히 필요하다. 상담과 치료
에서 어떠한 방법이라도 자신에게 도움이 된다면 시도해 보아야 한다.

종종 영화 속 한 장면에서도 우리는 위로를 받는다.

"살다 보면 좋은 일도 있고 나쁜 일도 있어. 하지만 어떤 일이 있었
든, 그것은 과거의 일이고 이제 너는 거기에서부터 자유로워져야 한
다." 영화, 네 인생을 살아라 〈마담 프루스트의 비밀정원〉에서 마담
프루스트가 폴에게 들려준 말이다. 실어증에 걸린 젊은 피아니스트
폴 마르셀의 이야기인데 영화 속을 따라가다 보면 어릴 때의 트라우
마에서 완전히 벗어나는 폴을 만나게 되는데, 그는 이제 무의식으로
부터 도망치지 않는다. 트라우마로 고통받는 사람들에게 추천할 만
한 영화이다. 과거에서 자유로워지는 일은 당연히 어려운 과정임엔
틀림없다.

"나쁜 기억은 행복의 홍수 밑으로 보내 버려. 수도꼭지를 트는 일은 네 몫이란다." 주인공의 기억도 상처도 풀어지기 시작한다.

빅 트라우마든 스몰 트라우마든 혼자의 힘으로 빠져나오기는 어렵다. 누군가 탈출할 수 있도록 도와줘야 걸음을 내디딜 수 있다. 이 영화에서 그 누구는 마담 프루스트였다. 빅 트라우마는 전쟁이나 재난, 사고 등 개인의 삶에 크게 영향을 주는 사건을 의미하지만, 스몰 트라우마는 자존감의 저하, 수치심이나 죄책감 등 일상에서 경험하는 부정적인 감정이나 사고를 초래하는 경험을 뜻한다. 우리가 경험하는 많은 일 중에 자의에 의해 일어난 일은 극히 드물다. 상황이 만들고 예기치 않은 누군가의 의도대로 벌어지는 일 또한 무수히 많이 일어난다. 인간의 욕심은 한도 끝도 없다 하지 않았는가. 많이 가질수록 욕심은 더 커질 수밖에 없다는 데 인간의 욕망이 있는 한 일상 곳곳에서 트라우마는 존재한다. 가족과의 이별, 사랑하는 사람의 배신, 아동기에 겪은 유괴나 방임부터 불안과 공포 등 뜻하지 않는 상황에서 크고 작은 트라우마를 경험한다. 어떤 형태로든 우리는 트라우마를 가지고 살아간다. 상실의 악몽에서 벗어날 수 있도록 도와주는 상처 치유의 가장 강력한 백신은 사랑이라는 말은 명제이다.

개인심리학을 창시한 심리학자 알프레드 아들러 Alfred Adler는 "인간의 고민은 전부 인간관계에서 비롯된다."라고 했다. 불길 속은 어떻게든 불을 끄면 해결되지만 사람 속은 자신이 풀지 않으면 아무리 큰 바위로 친다 해도 소용이 없다. 인간관계만큼 어려운 일은 지구상에 존재하지 않을 것이다. 이처럼 사람에게 받는 커다란 상처는 트라우마로 작용하게 된다.

30대의 한 여성은 사람 대신 인형을 택했다. 사람보다 말 못 하는 인형이 더 좋다고 한다. 오히려 인형들과 사는 세상이 마음이 편하고 사람에게 다시는 상처받기를 거부하려는 행동이다. 당장은 피난처가 될지 모르지만, 과연 사람과 관계없이 인생을 살 수 있겠는가? 마음의 문은 잠그면 잠글수록 더 단단하게 잠긴다. 어느 순간 열지 못할지도 모른다. 더 굳게 닫히기 전에 빗장을 풀고 조금씩 열어 보는 연습을 해 보자. 도망친다는 것은 그 문을 열려고 하는 마음과 같다. 무서웠던 기억은 더 단단하게 잠그려는 빗장이 아닐까?

나무는 꽃을 버려야 열매를 맺고, 강물은 강을 떠나야 바다에 이른다고 《화엄경 華嚴經》에선 말한다. 꽃을 잃은 것처럼 보이지만 사실은 열매를 얻은 것이고, 강물을 잃은 것처럼 보이지만 사실은 바다를 얻은 것이다. 상처도 버려야 새살이 돋듯 사람에게 받은 상처도 결국엔 사람으로 치유된다. 그러니 내가 가진 지금의 상처를 버리자. 또 다른 고통이 있더라도 다시 해 보는 인생으로 바꿔 보자. 너의 인생에 또 나의 인생에 함께 징검다리였으면 좋겠다.

나는 걷기를 좋아한다. 시간이 되면 어디를 가든 무작정 걷는다. 차 트렁크엔 항상 운동화가 준비되어 있다. 걷는 습관이 몸에 배지 않았을 땐 이리저리 핑계를 댔다. 오늘은 이래서 안 되고, 내일은 저래서 안 되고, 핑계는 습관이 되었다. 작심삼일이 한 달을 넘기고 이러면 안 되겠다 싶었다. 고작 걷는 거 하나 못 지키는 나에게 좌절감을 쥐어 줄 수는 없었다. 그래서 나만의 루틴을 다시 세우기로 마음먹었다. 생사가 걸린 일 아니면 하루에 무조건 한 시간씩 걷기로, 그냥 이유 불문 닥치고 걷기로 했다. 하루가 일주일이 되고, 한 달이 석 달을 넘어 일 년이 되어 간다. 인간은 생각보다 의지력이 강하다는 걸 알았다. 나같이 게으른 사람도 해낸다는 사실을 보면…, 그래서 용기가 필요하다.

어제는 소나기가 퍼부었다. 나는 하루 루틴을 지키기 위해 걷기를 시작했다. 우산도 젖었고 운동화도 젖고 옷도 흠뻑 젖었지만, 기분은 좋았다. 하루 쉴까? 잠깐 망설였지만, 그 생각을 떨쳐버리고 수행한 나를 잘했다고 칭찬했다. 죽고 사는 일은 아니지만 이런 작은 습관은 나를 더 단단해지게 만들 수 있다.

이런 이야기를 하는 이유가 있다. 인생에서 슬럼프를 겪을 때 세상이 나에게만 시련을 주는 것 같고 모두가 나를 외면하고 혼자만 고통 속에 갇혀 있다는 느낌에 사로잡힐 때가 있다. 하지만 시간을 견디다 보면 어느새 좀 더 성숙해진 나를 보게 된다. 사소한 아주 작은 일부터 시작해 보자. 하나씩 성취감을 맛보는 경험을 하게 되면 정서의 허기가 조금씩 채워지게 되는 걸 느낄 것이다.

내 마음이 우선 채워져야 도망칠 수 있다. 나의 과거로부터. 과거는 잊어버리고 지금의 나에게 집중할 수 있을 테니까!

8

들어간 문이 닫히는 걸 나는 몰랐다

"그건 오해예요."

남남이 만나서 부부가 된다. 남남이란 사전적 의미로 서로 아무런 관계가 없는 남과 남이라고 정의한다. 그래서 부부는 멀고도 가까운 사이라는 말을 쉽게 하게 되는 걸까요? 불가佛家에서는 부부의 연을 맺기까지 몇 겁 숫자로 나타낼 수 없는 무한한 시간의 인연이 있어야 만나게 되는 것이라고 한다. 부부로 살아가는 길은 오해의 길이기도 하다. 오해의 두 길에서 만나 하나의 길로 다시 걸어가지는 것이 부부라는 생각을 해 본다.

신혼 시절 음식 솜씨가 서툴렀던 부인이 남편에게 물었다.
"된장찌개 맛이 어때요?"
남편은 담담하게 대답했다.
"맛이 좀 그러네."

그날 이후 남편은 된장찌개는 구경도 못 해 봤다고 한다. 그때 부인은 남편의 말이 "당신 음식 솜씨가 전혀 없네."라고 들렸다고 한다. 크고 작은 일부터 이런 오해는 모든 부부가 경험했을 것이다. 아무리 상대방이 의도하지 않았다고 해도 듣는 사람은 자기 생각대로 해석한다. 상대의 말을 내가 규정한 대로 가둬 놓기 때문에 갈등이 생긴다. 사실 다시 생각해 보면 별일도 아니다. 서로 몇 마디만 더 주고받았다면 그런 불상사는 일어나지 않았을 것이다. 말의 실수로 대화의 단절이 되는 예는 상담 과정에서 수없이 접하고 있다. 한 달이 일 년이 되기도 하고, 몇 년 동안 대화 없이 지낸다는 이야기는 심심찮게 거론되기도 한다.

자신도 모르는 잠버릇 중에 다리를 폈다 오므리기를 반복하는 남편을 부인이 폭행으로 신고하기도 한다. 충분한 대화가 오고 가지 않았기 때문에 일어나는 일이다. 남과 남이 만나 부부가 된다. 부부가 되기 전에는 서로 베풀고 이해하려는 마음이 커진다. 좀 더 잘하려고 잘 보이려고 책임감 있게 행동하려고 애쓴다. 연인이었던 때를 상기하자. 그러니 부부가 돼도 똑같이 남처럼 베풀려는 마음을 잊지 말자. 남이었을 때는 이해가 되는데, 하나가 되니 이해를 못 하는 건 편안한 이기심에 안주하는 것이다.

오해는 그때의 기분이나 감정 성향마다 다 다르기에 상대의 모든 것을 다 이해할 수는 없다. 자신의 감정도 때론 모를 때가 부지기수기 때문이다. 하지만 그게 오해라면 내 마음의 문이 닫히기 전에 물어야 한다.

"왜 그때 제게 모질게 했나요?"

"그런 말을 쉽게 하다니 제 마음이 아파요."

"제가 이해를 못 했는데 다시 설명해 주세요."

"아니에요. 그건 오해예요."

거침없이 묻고 풀어야 한다. 그렇지 않으면 감정의 찌꺼기는 영영 나를 갉아먹고 있을 테니까요.

경상도 남편과 결혼한 나는 억양이 강한 남편의 말투에 주눅이 들어 한동안 말을 못 했다. 툭 내뱉는 한마디에 눈물이 그렁그렁 혼자 가슴앓이를 하며 수없이 되뇌었다. '이 결혼은 무효다!' 강한 사투리에 적응이 안 된 나는 남편의 눈빛도 무섭고, 도대체 이 남자랑 살아야 하나 말아야 하나 날마다 고민했다. 따지지 못하고 가슴에 멍만 한가득했다. 왜 그때 말하지 못했을까?

"난 당신의 그런 말투가 무섭고 싫어요, 내 마음이 아파요. 그러
니 다정히 말해 주세요."

솔직한 나의 마음을 전했더라면 덜 아팠을 텐데요. 나중이 안 일이지만 말투가 원래 그렇다고 하네요, 세상에 원래란 게 뭔데요.

태생부터 달랐던 남편을 이해하는 데 20년이 걸렸다. 여전히 한 번씩 나오는 어투에 상처받지만 예전만큼 아프진 않다. 나도 그만 상처받으려고요. 아마도 나의 친정아버지는 딸들을 온실 속에서 키우셨음이 분명

하다. 아버지의 고향인 충청도 남자만 세상에 있는 줄 아셨나 보다. 다행히 개그콘서트 덕분에 지금은 팔도 사투리를 넘나들며 박장대소한다.

작은 오해로 시작된 부부, 연인, 엄마와 딸, 아버지와 아들의 관계까지 서로에게 골이 깊어지기 전에 내가 먼저 손을 내미는 연습을 해보자. 상처받아 웅크린 시간이 많아질수록 내 안의 나는 자유로울 수 없다.

서로에게 깊은 상처로 남아 끝내 회복되지 못한다면 얼마나 큰 응어리를 떠안고 살아가겠는가? 마음의 빗장은 시간이 지날수록 녹이 슨다. 녹이 슬기 전에 빗장을 풀어야 한다.

정호승 시인은 〈창문〉[3]이라는 시에서 세상의 모든 창문은 열기 위해 만들어졌다고 한다. 당장 만나 뵙고 싶을 정도로 내마음에 와닿는 시다. 시인은 창문은 닫으면 문이 아니라 벽이 된다고 한다. 우리의 마음도 창문을 닮은 게 아닐까? 세상의 모든 창문이 열기 위해서 만들어졌다는 것을 아는 데 평생 걸렸다는 말에 깊은 공감이 되었다. 나 또한 많은 창문을 닫으려고만 했지 열어야겠다는 생각은 하지 못했다. 이제는 열어야 할 때이다.

우리의 마음을 여는 게 결코 쉬운 일이 아님을 살면서 무수히 경험한다.

---

3) 정호승, 2013, 《여행》, 창비, p.82

어느새 생리가 불규칙해지더니 뚝 끊어졌다. 폐경이 시작된 것이다. 내게 일어나지 않을 거로 생각했던 일이 하나둘씩 일어나고 어쩌다 보니 오십이 넘어가고 있다. 호르몬의 변화인지 평소 건강에 자부하던 내가 난데없이 손가락에 통증도 느껴졌다. 손마디가 욱신거리고 뭘 들기가 겁이 났다. 잠을 자기도 힘들고 손의 통증이 심해질까 불안하기만 했다. 나는 어렸을 때부터 손발이 차서 여름에도 양말을 신어야 잠을 잘 수 있었다. 한여름에도 이불을 덮어야 하고 추위를 잘 타서 5월이 되어서야 히트텍을 벗는다. 그런 나를 잠시 외면하며 살아온 것 같다. 으레 잘 해내려니 하며 무리한 일정에 나를 혹사했다. 분명 몸에 적신호가 켜졌을 텐데 방치했다.

자신의 몸은 자신이 제일 잘 안다. 누구도 돌볼 수 없으므로 자신의 체질을 알고 스스로 아껴야 한다. 무릎이 시리다는 소리를 이해할 수 없었던 내가 하체의 근력이 약해져 허벅지 종아리가 시리다. 이러니 건강 염려증이 생기지 않을 수 없었다. 자다가 몸이 굳어지면 어떻게 하나?

불안감이 나를 엄습해 오기도 했다. 스스로 나의 건강에 자신이 없어졌다. 폐경으로 시작해 갱년기로 넘어가면 몸의 모든 중추신경에서 고장이 난다. 한번 오기 시작하면 막을 수 없다는 걸 깨닫는 데는 그리 오래 걸리지 않았다. 집은 담보가 되지만 건강은 담보가 될 수 없다. 제 몸 하나는 끔찍하게 챙긴다는 나였기에 마음의 체감은 더했다. 인생을 살면서 직업병은 훈장처럼 자신에게 돌아온다고 한다. 그만큼 잘 살아내고 있다는 증거이기도 하지만, 몸은 거짓말을 못 한다. 스스로 "괜찮아! 괜찮아!" 하며 갱년기를 잘 보내기 위해 선배들의 조언을 섬기는 중이다.

우리가 인생을 사는 이유는 그리 거창하지 않다. 누구나 행복해지기 위해서 살아간다. 그중에서 중요한 건 내가 먼저 행복해야 한다는 것이다. 그것이 모두의 행복을 위한 첫걸음이다. 미국의 심리학자 소냐 류보머스키 Sonja Lyubomirsky는 '행복에도 연습이 필요하다'고 했다. 행복한 삶을 결정짓는 요소는 누구나 가지고 있다. 부모로부터 받은 유전적인 요소가 50%를 차지하고 있는데, 이는 모두가 균등하게 영향을 받는다. 그중에 10%는 주어진 환경에서 오는 것이라고 했다. 주변에서 좋은 영향을 받는 환경일 수 있고 그렇지 않을 수도 있다. 하지만 나머지 40%는 의도적 활동을 통해서 스스로 행복을 찾을 수 있다고 하니 이 얼마나 다행인가.

여기서 의도적 활동은 이러한 것들이다. 만나는 사람에게서 장점을 찾아 칭찬하기, 격려하기, 고마운 일 적어 보기, 감사하다고 표현하기 등이다. 물론 쉽지 않은 일이라는 것을 안다. 그래서 행복해지기 위해서는 이러한 활동을 계속해서 연습하라고 하였다. 말하지 않으면 모른다. 자꾸 말하고 표현해야 한다. 다 익은 감나무 밑에 손만 벌리고 서 있으면 내 손에 감이 떨어질 리가 없다. 사다리를 사용해서 감을 따든, 돈을 주고 사서 먹든 나의 의지만 있다면 방법은 여러 가지가 있게 마련이다. 그러니 우리 자신을 향해 문을 활짝 열자.

2

아프지 않은
사람은 없다

1

자꾸만 동굴 속에 갇히는 사람들

강의 중에 있었던 일이다. 이른 아침 출발은 여러 가지로 이득이 있다. 휴게소에 들려 화장도 고치고 강의안도 다시 챙겨 보는 습관이 오래전부터 생겼다. 조금 늦게 출발해 고속도로에서 큰 낭패를 본 이후 생겨난 버릇이다.

그날도 미리 도착해 강의장의 세팅을 점검하는 중이었다. 아직 이른 시간인데 교육생 한 명이 미리 와 앉는다. 눈인사만 하고 하던 일을 계속했다. 강의가 시작되고 조별 활동 시연 등 오전이 정신없이 지나갔다. 나는 강의할 때 혼자 주도적으로 이끌어가는 걸 선호하지 않는다. 그래서 꼭 발표하는 시간을 갖는다. 모두가 참여할 수 있도록 시간을 충분히 배분한다.

그래야 교육에 속해 있는 자신을 보게 되므로 가능하면 이 원칙을 지키려고 애쓴다. 강의 전 미리 들어와 있던 친구의 차례였다. 자신은 발표할 수 없다고 했다. 이유를 물으니 이건 강사님이 강요한 것이지

내 의지가 아니라서 못 하겠고, 하기 싫은데 꼭 해야 하는 건지 의문이 생긴다는 거다. 친구의 자리엔 문제지가 펼쳐져 있었다. 아마 시험 준비를 하는 모양이었다. 그럴 수 있겠다 싶어 그 마음도 충분히 이해한다고 전하고 그런 자기 생각을 표현해 줄 수 있냐고 제안을 해보았다. 그 친구의 대답인즉, 자신은 교육에 참여하기 싫은데 의무교육이라 어쩔 수 없이 이곳에 왔고, 시험공부나 하면서 시간을 때우려 했는데 그런 상황이 안 되어 짜증이 났던 거다. 하지만 교육에 흥미도 생기게 되고 자꾸 관심이 가는 이런 자신의 마음에도 화가 난다고 말했다. 하기는 싫지만 해야 할 것만 같은 의구심이다. 누구라도 이런 비슷한 상황을 경험한다. 내 의지대로 되지 않는 것들과 부딪힐 때 일어나는 요동을 감지하며 살아간다. 이 친구의 솔직한 발언 이후 강의장 분위기가 달라졌다.

사실 비자발적인 교육은 효과도 떨어지고 태도나 집중도가 현저히 낮다. 아무리 뛰어난 강사라 해도 분위기를 끌어내기가 쉽지 않은데 비자발적 참여자가 많은 집단에서 이런 의문이 생기는 건 당연하다. 어떤 일이든 의문을 품으면 알아보면 그뿐이다. 의문은 왜 생기는 걸까? 의문이 생기면 답도 있지 않겠는가? 답은 누가 찾아야 하나? 자의든 타의든 억지는 억지를 부른다. 나중에 보니 그 친구의 자리에는 문제지가 치워져 있었다. 강의 중에 늘 한 번씩은 일어나는 일이라 이제는 이런 현장이 대수롭지도 않다. 이렇게 자기주장을 소리 낸다는 건 관심이 있다는 증거이고 태도와 연결되기도 한다. 하지만 묻기조차 안 하고 그냥 시간을 때우러, 혹은 딴지만 계속 거는 일도 있다. 자꾸만 그곳에 머무르려 한다. 나는 할 이유가 없다. 그러니 나에게 어떤 행위도 강요하지 말라고 하는 경우다. 절대로 자기 마음속에서 빠져나오려 하지 않는다. 자신은 바뀔 마음이 전혀 없으니 상관하지 말라는 거나 마찬가지다. 자신의 동굴은 자기가 만든다. 자꾸 파게 되면 동굴은 더 깊어질 수밖에 없다. 깊게 파면 팔수록 어둠 속으로 가까이 가고, 빛은 멀어진다. 그래서 동굴이 커지면 안 되는 이유다. 좁아야 그 좁은 데서 나오려고 발버둥친다. 발버둥치다 보면 빛이 보이기 시작하고 그 빛을 따라가다 보면 어느새 어둠에서 빠져나오게 된다.

어느 강연장에서 연사에게 들은 이야기가 생각난다. 현재 우리 사회는 은둔형을 자처하는 사람들이 한 집 걸러 한 명씩 존재하고 있는 게 우리의 현실이라고 한다. 나도 이 말에 깊이 동감한다. 여기서 은둔형은 히키코모리 개념과 조금은 다르다. 활동은 하지만 안주하고 머무르려 하는 것을 말한다.

"관심 없어… 하기 싫어. 그러니 상관하지 마! 내버려둬."

내가 판 동굴에서만 살고 다른 곳을 보려고 하지 않고 관심을 가질 필요가 없다고 생각한다. 자꾸만 자신의 편견으로만 세상을 바라보려는 마음이다. 혼자서 생활할 수 있는 환경이 좋아지고 사회적 구조가 변화되어 은둔을 자처하는 사람들이 많아지는 이유이기도 하다. 은둔하는 연령대가 청소년으로 증가하고 있어 문제는 더욱 심각하다. 지극히 개인적인 이들은 성장기에 사회적으로 고립될 수 있고 무엇보다 정신 건강에 부정적 영향을 끼쳐 성인이 되어도 사회생활에 어려움을 겪을 수 있다. 단순히 개인의 문제로 치부하지 말고 지금 우리 가까이 있는 은둔을 자처하는 가족부터 관심을 두고 챙기자. 동굴 밖 세상이 생각보다 위험하지 않다는 걸 동굴 속에 있을 땐 알지 못한다. 동굴에서 나와야 알 수 있다. 여러분은 계속 동굴 속에 머물러 계실 건가요?

강박증을 앓고 있는 30대의 직장인이 하소연했다.

> "선생님, 저는 강박증 때문에 아무것도 할 수가 없어요. 수영을 배우고 싶은데 어떻게 하면 좋을까요?"

자신은 강박증이 있어서 아무것도 할 수 없다고 미리 불안해하는 경우다. 걱정만 하고 있으니 행동을 하지 못한다. 당신이라면 어떻게 하겠는가? 내가 어떤 것에 취약하다면 시작하기 전에 미리 준비하면 된다. 강박증과 수영의 문제가 아니다. 사실 이 둘은 아무런 상관관계가 없다. 단지 강박이라는 굴레를 쓰고 그 무엇도 할 수 없다는 자신의 신념 때문이다. 수영을 배우고 싶으면 먼저 수영장에 가서 등록하는 게 우선이다. 물에 들어가 보지도 않고 나는 강박증이 있어서 못 할 거라는 생각에 사로잡혀 시간을 허비하겠는가? 단지 강박증이란 이유 하나만으로 일을 포기하겠다는 거나 다름없다. 오히려 강박증이 수영을 배우는 데 더 효과적일 수도 있다. 상상으로 만든 용은 상상으로 만든 검으로 물리칠 수 있기 때문이다. "저는 강박증 덕분에 수영을 제대로 배울 수 있었어요." 하게 되길 바란다.

재수할 때 한 선배가 있었다. 벌써 30년이 지난 얘기지만 가끔 그 선배가 기억난다. 하루는 너무 지쳐 공부도 지긋지긋하고 학원 친구와도 안 맞고 그냥 다 포기하고 싶었던 나는 선배에게 말했다. "저 너무 외로워요. 선배 죽고 싶어요." 무슨 용기가 나서 그런 말을 했는지 모른다. 그때 선배는 날 계단에 앉혀 놓고 "여기 잠깐 있어 봐." 하더니 어딘가로 급히 뛰어갔다.

잠시 뒤 툭 건넨 검정 비닐엔 차가운 아이스크림이 들어 있었다. 한동안 말없이 우리는 쭈쭈바를 쭉쭉 빨아 먹었다. 신기하게도 지긋지긋했던 마음은 온데간데없이 사라지고 달달함이 그 자리를 채웠다.

그때 선배가 물었다. "너 지금 뭐 보고 있니?"

나는 광장을 가리키며 대답했다. "저기요."

"우린 지금 같은 곳을 바라보고 있어도 생각은 다 달라. 네 생각과 내 생각이 다르듯이 인생은 혼자 가는 거야. 원래 인생은 혼자인 거야."

"무슨 말이야?" 난 뜬금없었던 그의 내 표정을 기억한다. 그 말을 깨닫는 데 한참이 걸렸지만 지금도 난 "원래 인생은 혼자야"라는 말이 지칠 때마다, 동굴 속에 갇힐 때마다 내게 용기를 준다는 걸 안다. 우리는 누구나 자신의 동굴에 갇힐 수 있다. 하지만 알아내야 한다. 어떻게 하면 잠깐 머물다 나올 수 있는지를 알아야 한다.

불쑥 던진 다른 사람의 말에도 상처받으며 갇히기도 한다. 그 사람의 말을 내 가슴에 넣지 말고 살아야 하는데, 말처럼 쉽지 않다. 그 사람이 내 인생을 책임져 주지 않는데 나는 왜 그토록 타인의 말에 집착해야 하나? 말을 한 사람은 금방 잊어버린다. 자신이 뭐라고 한지도 모를 것이다. 그냥 그가 한 말은 지나갈 뿐이다. 아주 작고 사소한 말일 뿐이다. 그러니 우리 그 작은 말에 하루를 허비하지 말자.

미술치료 기법 중에 동굴화 그리기가 있는데, 이 방법을 변형해서 청소년들과 소통을 많이 한다.

"지금 당신이 처한 상황을 동굴이라고 가정했을 때 어떻게 하면 그 곳에서 빠져나올 수 있을까요? 자신만의 방법을 찾아 그려 주세요."

행위를 한다는 건 매우 중요한 일이다. 아주 약한 끄적거림이라도 자신의 필압으로 흔적을 남기는 데서부터 신호는 자신을 향해 보내오기 때문이다.

"살려주세요!"라고 소리치기, 돌계단 만들기, 기어 올라가기, 그냥 쉬기, 밧줄을 구하기, 지나가는 사람이 구해 줘요, 배가 고프면 나가요 등등 자신만의 방법으로 자신의 에너지만큼 익살스럽게, 용감하게, 어처구니없게 혹은 소심하고 측은하게 자신이 할 수 있는 내공을 다해서 표현한다. 그들이 처해 있는 상황을 엿볼 수 있고 정서나 심리에 가까이 다가가는 소통의 끈이 될 수 있다. 그리고 표현한 것에 먼저 의미를 두는 것이다. 그다음이 외부와의 접촉이다.

그래서 어떻게 되었을까요?

얼마나 많은 이야기가 쏟아질지 들을 준비만 하면 된다. 방법들은 이미 아이들이 알고 있다.

2

감정 근육을 키우는 방법

　나의 하루 일과 시작은 헬스장에 가는 것이었다. 처음엔 지루하기 짝이 없었다. 이 운동을 무슨 재미로 하는 걸까? 혼자 하는 운동이니 심심하고 힘들고 외롭기 그지없었다. 땀도 안 나고 그만두자 그만두자 하다가 3개월을 넘겼다. 그런데 제법 재미있어지기 시작했다. 기계 사용법도 익히고 선생님도 잘한다고 칭찬해 주니 할 만했다. 땀도 나기 시작하고 내 몸에 맞는 운동이란 생각도 들었다. 꾸준히 하다 보니 근육도 생기는 것 같았다. 세상에 나에게 복근도 생기게 되다니 놀랍기만 했다. 몸은 거짓말을 안 한다. 그렇게 어언 5년이 넘어가고 헬스장은 나의 단골 맛집보다 더 편한 곳이 되었다. 습관이 되면 몸이 알아서 루틴을 만든다.

　운동을 하면서 운동과 상담이 닮은꼴이 참 많다는 생각이 들었다. 비가 오면 가기 싫고, 힘들면 그만둘까 하는 마음이 들다가도 막상 가게 되면 할 만하고, 몸이 변하는 걸 알게 되는 것처럼 상담도 이와 비슷하지 않을까? 날씨가 궂은 날엔 핑계가 생기기도 하고, 마음이 불편해지면 그만두고 싶을 때도 있는 것처럼 운동도 나가야 하게 되고 상담도 상담실에 와야 상담이 된다. 운동을 꾸준히 하면 근육이 생기듯이 상담도 제시간에 오는 내담자와 그렇지 못한 내담자는 확연히 구분될 수밖에 없다. 의지가 있어야 변화가 생긴다. 아무리 도움을 주려 해도 상담 현장에 오지 않는다면 어려운 일이다. 운동도 상담도 하고 싶지 않은 마음을 이겨 내야 건강해질 수 있다.

몸의 근육도 감정의 근육도 내가 주체가 되어야 한다. 아파야 느껴질 수 있고 내 몸이 받아들이게 된다. 시간이 누적되어야 습관을 만들 수 있는 원리처럼 말이다. 습관 없이 해낼 수 있는 것은 세상에 아무것도 없다. 습관은 자신과의 싸움이다. 우리의 감정도 마찬가지라고 생각한다. 슬픔도 시간이 지나면 조금씩 무뎌지는 것처럼 우리가 느끼는 불안도 계속 내 안에 방치해서 커지게 하지 말고 자꾸 꺼내 보자.

불안감이 높아 육교나 다리 밑을 지나가지 못하는 젊은 친구는 "혹시 걸어가다 다리가 무너져 사고라도 나면 어떻게요?"라며 우려한다. 또 운전하다 자동차 사고가 날까 봐 운전면허증은 절대 따지 않겠다는 친구도 있다. 일반적이지 않은 사례들이 상담에서는 일어난다. 보통 사람들이 느끼는 사고가 아니기 때문에 당사자는 더욱 힘들 수 있다.

나 자신이 이런 두려움을 갖고 있다면 어떤 방법이 효과적일까? 진짜 불안인지 가짜 불안인지도 알아내야 한다. 그렇다면 어디 다리가 무너지나 한번 걸어 보자. 물론 두려움에 쉽게 걸음을 내딛지 못할 수도 있다. 이때 누군가가 함께해 준다면 믿음이 생긴다. 한번 걸어 보고 두 번 걸어 보고 집을 오가면서도 매일 걸어 본다. 이쯤 되면 그는 다리가 무너질 거라는 불안은 점점 사라지고 그다음엔 다리 밑을 저벅저벅 걷게 될 것이다.

　두려움이라는 감정에도 운동을 시켜 보는 거다. 남 앞에서 발표하는 것이 두렵다면 큰 소리로 책 읽기부터 해 보자. 단 일어서서, 서 있는 연습을 미리 해 보는 거다. 한 번도 남 앞에 서 본 경험이 없다면 우선 일어나는 것부터 시작한다. 말하는 건 그다음이면 된다. 내가 좋아하고 즐거운 걸 찾아 적어 본 후 자신의 목소리를 내어 보며 읽게 한다. 다음은 다른 사람에게 내 얘기를 들려주듯이 말하기 연습이다. 모든 것은 순서가 있다. 아무리 내 감정이라도 무턱대고 들어가지 말자. 노크하고 들어가는 연습을 해 보자. 그래야 감정도 준비할 시간이 필요할 테니까. 불안도 두려움도 무뎌질 때 자신의 멘탈이 강해질 수 있다.

괜찮을 거라고 생각하는 건 착각이에요.
다 알 거라고 생각하는 것도 착각이에요
나도 잘 알 수 없는 게 감정이에요.
감정에도 순서를 지켜 주세요.

　강박은 '~ 해야만 해'에서 시작된다. 강박이 되면 고통이 따르기 마련이다. 나는 날마다 외치며 살아간다. 너무 잘하려고 애쓰지 말자고. 100%가 아닌 50%만 하자고. 그래도 결국엔 100% 결과를 만들어 내려고 안간힘을 쓰고 있다는 걸 잘 안다. 일을 하면서 이 강박이라는 아이는 어느 틈에 내 안으로 쑥 들어와 앉아 있다. 여기서 강박을 열거하려는 건 아니다. '~해야만 해'라는 생각이 스트레스를 불러오는 걸 이야기하려고 한다.

'음식을 먹기 전에 꼭 사진을 찍어야만 해.'
'식탁이 깔끔하게 정리되어야만 해.'
'설거지를 꼭 해야만 외출할 수 있어.'
'저녁은 꼭 8시 이전에 먹어야만 해.'
'물건을 만지면 꼭 손을 씻어야만 해.'

결국 누가 하는 것이 아니라 내가 하는 것들이다. 그것도 잘하려고 하는 데서 오는 집착이 자신을 강박으로 몰아세울 수 있다. 우리는 모두 심리적 강박에서 벗어날 수는 없을 것이다. 하지만 불안으로부터 자신을 보호하는 건 불안의 근육을 단련하는 것이다.

'~ 해야만 하는 건 아니야!', '~ 꼭 안 해도 괜찮네', '무슨 일이 벌어지지 않네', '별일 없네!'라는 알아차림이다.

알아차릴 때 단단해지고, 단단해져야 무뎌진다. 상담자와 내담자는 함께 성장할 수밖에 없는 것처럼 말이다. 누군가가 나를 반겨 주는 사람이 있으면 그곳에 가고 싶다. 사람이 보통 가질 수 있는 마음이다.

일주일에 한 번 부득이한 경우를 제외하곤 '상담 데이'로 정해 놓고 무료 상담을 해 오고 있다. 10여 년 전 도움을 주고받던 선생님과의 인연으로 시작하게 되었다. 상담을 시작하는 것은 오랜 소명이었고, 앞으로 이 일을 계속하는 한 변함없는 일이 될 것이다.

이곳을 거쳐 간 아이들, 역경 이후에 내담자를 만난다는 건 말할 수 없는 설렘이 있다. 상담 이후 그들은 어떤 성장을 하고 있을까? 눈물 많던 아이, 여린 감성을 가진 친구, 뾰족했던 아이도 각자 그들 방식대로 몸도 마음도 자라나고 있기를 기도한다.

모두를 기억에 담을 수는 없지만, 가끔 안부를 전해 주는 이들이 있다는 건 상담사로 살아가는 데 큰 힘이 된다. 어떤 날은 아이들이 그립고 또 어떤 날은 그들이 보고 싶어진다.

"뭘 그런 걸 가지고 고민해요. 그냥 안 하면 되죠."

어쩌다 갈팡질팡하고 있는 나의 고민을 알아차리고 시원하게 답을 내주는 친구들도 생겼다.

키가 훌쩍 커진 만큼 마음도 커지고 우리는 더 어른스러워진다. 하루에도 오만 가지를 생각하는 게 인간이고, 사람을 만나는 일이 감정을 소모하는 일이니만큼 관계를 잘하려면 감정에도 근육이 생겨야 한다. 아이도 어른도 감정을 먹고 자라기 때문이다.

"선생님은 언제 쉬세요?"

동료는 안쓰럽다는 표정으로 약속 시간에 헐레벌떡 도착한 나에게 툭 던지는 말이다. 사실은 우린 서로 안쓰러워하기는 마찬가지다. 겉으론 살짝 완벽해 보일지 몰라도 늘 허둥대는 백조의 모습이라는 걸 잘 안다. 백조의 우아한 날갯짓도 들여다보면 쉬지 않고 움직이는 다리의 동력이라는 걸 누구보다 잘 알기 때문이다. 그만큼 각자의 길에서 치열한 삶을 살아야 하는 우리이다. 물 위를 아름다운 자태로 유유히 떠다니는 백조도 천적으로부터 자신을 보호하기 위해 주변의 소리에 민감해야 하고, 끊임없이 부리질을 하며 먹잇감을 사냥하며 산다. 겉보기와는 달리 거칠고 치열하다. 부리질을 하듯 우리도 살아가면서 수많은 감정과 마주한다. 상처를 받지만 포장하기도 하고, 두려움을 느끼지만 아닌 척 두 눈을 질끈 감기도 한다. 내 안의 감정을 다스리기가 그만큼 어렵다는 말이다.

오늘도 내 안으로 파고든 감정에 그 화살이 잘 비껴가길 연습하면서 살아내는 중입니다.

3

'너는 그게 문제야' 사실일까?

"당신의 인생이 어두운 먹구름이어도 난, 난 당신을 사랑해요."

TV 드라마 〈멜로가 체질〉에서 첫 부분에 나온 대사이다.

"사랑한다면 정말, 그럴 수 있을까?"

한동안 드라마에 빠져 있을 때 우리는 열애 중인 것처럼 꼭 이런 말을 동료들에게 묻곤 했다. 그러면 "그럼 당연하지. 무슨 소리야, 영원한 것은 없어. 그건 헛소리야. 왜 안 돼? 사랑하는데 뭐가 문제야? 네가 덜 살아봐서 그래." 등 각자 사랑의 정의를 내리곤 했다.

정말일까? 사랑한다면 먹구름 따윈 문제가 되지 않을까? 말로는 그 어떤 것도 가능하지만 현실이 발목을 잡는 순간, 사랑은 벌써 저만큼 달아나 버릴 수도 있다고 확신한다. 단언컨대 사랑은 개인의 프레임 속에서 이루어진다.

먹구름이든 뜬구름이든 순전히 두 사람의 문제이지 누가 나설 일이 아니라는 거다. 그들만의 사랑 방식이다. 색안경을 쓰고 바라보는 쪽은 항상 외부 사람들이며, 타인이 만들어 낸 이미지일 뿐이다. 그러니 그들만의 사랑법에 관여하지 않아야 한다.

부부애가 넘쳐 주위의 부러움을 샀던 한 남자는 뜻밖의 사고로 부인과 사별했다. 사별한 지 일 년이 되기 전에 부인과 비슷한 외모의 여자와 두 번째 결혼했다. 주변 사람들은 왈가왈부 한동안 떠들어댔지만 깊은 슬픔에서 남자는 다른 사랑으로 빠져나올 수 있었다고 한다. 인생은 다 알 수 없듯이 흘러간다. 사람에게 받은 상처는 다시 사람으로 치유된다는 말에도 동의한다. 일반적인 사실은 살아가면서 그다지 문제가 되지 않는다.

"엄마 제가 알아서 할게요."

자녀를 둔 부모라면 흔히 듣는 말이다. 하지만 속이 터지는 건 도대체 뭘 알아서 하겠다는 건지 알 수 없다는 것이다. 달라지려는 마음이 전혀 보이지 않고 어제나 오늘이나 똑같은 행동을 반복한다. 아이를 키우면서 우리 부모들이 조급해지지 않을 수 없는 이유가 이런 상황을 마주할 때마다 자신이 부모 노릇을 잘하는 건지 답을 알 수 없기 때문이다.

사춘기 두 아들을 키우는 40대의 어머니는 만날 때마다 걱정이 한 보따리다. 큰아들은 자기 방에 처박혀 나올 생각을 안 하고 어쩌다 한번 마주치면 엄마에게 눈길 한번 안 준다고 한다. 막내아들은 친구들을 수시로 불러들여 뭘 하는지 쿵쾅쿵쾅 알 수가 없다고 하소연한다. 그러니 엄마는 징글징글 속만 끓이고 두 아들을 못 믿고 의심할 수밖에 없어 속병이 심해진다고 한다.

한번 생각해 보자. 자녀가 아니더라도 우리는 관계하는 모든 사람에게서 나를 자극하는 말이나 행동을 경험한다. 그럴 때마다 먼저 의심의 눈초리로 그 사람을 바라본다면 그 사람과의 관계는 깨지게 된다.

상대방이 나에게 보내는 행동을 다른 시선으로 바라보는 연습이 필요하다. "나를 자극하는 말이 혹시 나에게 무엇을 기대하는 건 아닐까?" 이런 반문으로 바꿔 보는 거다. "그 행동을 하는 이유는 나에게 무언가를 보내려는 신호가 아닐까?"로 귀 기울여 보자.

그럼 도대체 왜 그런 행동을 할까? 우리 아이는 매번 "엄마 제가 알아서 할게요."라고 말한다. 이 말은 "엄마 부탁인데요. 그냥 혼자 있고 싶어요." 또는 "걱정하지 마세요. 저 사고 안 쳐요."라는 신호로 알고 받아줄 필요가 있다.

색안경을 쓰지 말고 그냥 지금 옆에 있어 주는 것만으로 고마운 일이고, 집 안에 있다는 건 우리 자녀가 거리에서 방황하지 않고 잘 크고 있다는 증거이다. 믿어 주는 마음이면 분통 터지는 일은 줄어들지 않을까?

"너는 그게 문제야." 사실일까? 그렇지 않을 수 있다는 것이다. 자신의 오만과 편견은 수시로 자신을 아프게 할 수 있다는 걸 명심하자. 루머나 소문이 난무한 시대에 살고 있다. 온갖 가십거리가 우리를 자극한다. '누가 어땠더라', '누구는 뭘 했다더라', '누가 그랬대' 이런 것들은 모두 나비가 두 날개를 펄럭이며 날아다니는 날갯짓에 불과하다는 것을 알아야 한다. 섣불리 나비처럼 나풀나풀 옮겼다가는 큰 낭패를 보게 될 테니까요. 진실은 때때로 역전된다는 걸 우리는 경험에서 이미 알고 있다.

'너는 그게 문제야'가 아니라 '너에게 그런 문제가 있었구나'로
'나는 이게 문제야'가 아니라 '나에게 이런 문제가 있었구나'로

법정 스님 말씀 중에 "다른 사람의 단점을 잘 찾아낸다는 것은 자기 안에 많은 단점이 있다는 것을 의미한다."라는 글이 있다. 인간은 자신의 치부를 쉽게 발견해 내지 못한다. 우린 완전하지 않고 어리석은 존재이기 때문이다. 타인보다 자신에게 묻는 걸 자주 해 보자.

인간관계에 마음이 황폐해지던 시절이 있었다. 일어나지 않는 일을 마치 사실인 것처럼 공론화해 버리는 분위기에 밀려 사람에 치이고 세상에 지쳐 있을 때 우연히 알게 된 시는 나를 위로를 넘어 보듬어 안아 주기까지 했다. 이 세상에 혼자라고 믿었던 그때 나는 누군가 절실히 필요했을 것이고, 그 누군가는 세상 사람들이 다 나를 욕해도 무조건 내 편이 되어 줄 사람을 찾고 있었는지도 모른다. 우리는 마음속에 wannabe를 꿈꾼다. '내게도 키다리 아저씨가 있어요' 하는 바람이 사실인 것처럼 말이다.

"온 세상 다 나를 버려

　마음이 외로울 때에도

　'저 마음이야' 하고 믿어지는

　그 사람을 그대는 가졌는가"[1]

함석헌 선생의 시, 〈그 사람을 가졌는가〉의 한 구절이다.

이 시를 읽어 내려가는 순간 거짓말처럼 사막이 오아시스가 되었다. "사막이 아름다운 이유가 어딘가에 샘을 숨기고 있기 때문"이라는 어린 왕자의 말이 이렇게 절묘할 줄이야.

시는 그때의 나를 치유하기에 충분했고, 내 마음 한 겹에도 오아시스가 남아 있다는 사실이 중요했다. 시는 나를 살리고 살아내라고 가르쳤다.

지금 당신 옆에 있는 사람이 그 사람일지 모릅니다.

1) 함석헌, 1947.7.20, 〈그 사람을 가졌는가〉

4

용기 내기가 정말 어려운 이들에게

무엇을 처음 시작한다는 건 아이나 어른이나 두렵기는 마찬가지다. 태어날 때 이런 핸디캡 없이 다 갖고 나왔다면 얼마나 좋으련만 인간은 불완전한 존재이다. 그러니 살아가면서 하나하나 터득할 수밖에 없다. 자주 보는 그림책을 몇 권 소장하고 있는 나는 마음이 지칠 때마다 펼쳐 본다. 볼 때마다 그림책은 우리의 인생을 닮았다는 생각이 들고 가까이 두면 신기하게 위안을 받는다.

그중에서 용기를 주는 그림책 한 권을 소개하려고 한다. 바로 피터 H. 레이놀즈의 《시작해 봐! 너답게》라는 책이다. 첫 문장부터 심상찮다. "넌 많은 것을 갖고 태어났단다."라는 글과 함께 아기의 모습이 반짝반짝 빛이 난다. 아이가 빛날 수 있다는 건 모두의 축복을 받고 태어나기 때문이 아닐까. 그 순간 아기에게 보내는 찬사의 형용사들이 잊고 있던 우리의 존재를 다시 깨어나게 한다. 우리는 태어난 자체로 놀라운, 독특한, 사랑받는, 슬기로운, 멈추지 않는, 창조적인 모든 언어로 환대받았다. 누구 할 것 없이 소중하고 귀한 존재로 태어났다. 엄마 뱃속에서부터 이미 특별했으니까.

《시작해 봐! 너답게》[2]는 아이를 있는 그대로 바라보고 믿어 준다. 나도 아이에게 다음과 같이 이야기하고 싶다.

"너는 호기심도 많은 아이야
너는 모험도 즐길 줄 아는 아이야
너는 무엇이든 네가 마음먹은대로 할 수 있는 아이야
네가 무얼하든 어디에 있든
너답게 사는 거야"

누구로부터 믿음을 받을 때 신뢰가 형성된다. 아이는 고유한 인격체의 한 사람으로서 존중받을 권리가 있다는 메시지를 담고 있는 듯하다. 그림책은 아이가 성장하는데 부모가 어떤 태도로 아이를 바라봐야 하는가? 결정적인 환경은 바로 부모의 마음, 즉 아이를 대하는 바른 가치관과 태도여야 한다는 가르침을 콕콕 집어 준다.

《시작해 봐! 너답게》는 한 장 한 장 넘길 때마다 눈이 번쩍 뜨인다. 나도 어렸을 땐 저랬지! 나도 이 아이처럼 모험을 즐겼지! 내가 무엇을 하든 엄마 아빠는 나를 믿어 주었지! 그림과 글은 한참 동안 장면 속에 머물게 하며, 다시 용기를 내게 만들고, 어른인 나를 다시 일

---

2) 피터 H. 레이놀즈 글 · 그림; 김지은 옮김, 2021, 《시작해 봐! 너답게》, 웅진주니어

어서게 만든다. 그림책을 만날 때마다 나의 삶을 재구성하기도 한다. 기대나 갈망, 꿈 같은 것들이 파도처럼 몰려와 덮칠 때도 있고, 무의식의 기억을 다시 회복으로 이끌어 주기도 한다.

'어떤 일을 결정하든 엄마 아빠는 너를 응원한다'

이 한마디는 도전을 앞둔 우리 모두에게 멈추지 말고 앞으로 쭉 나아가라고 용기의 마차를 끌게 해 주는 것 같다. 마차를 끄는 용기는 안전 기지가 생겼을 때 비로소 힘을 발휘할 수 있다. 누구나 흔들릴 때는 의지할 수 있는 무언가가 있게 마련인데 그 무언가는 장소가 될 수도 있고, 사람이 되기도 하고, 책이 될 수도 있다. 무엇이든 상관없다. 자신의 안전 기지로 삼을 수 있다면 말이다.

요즘 부쩍 그림책에서 치유를 경험하고 위안을 받는 분들이 많아진다니 반가운 일이다. 거창하게 멀리서 찾으려 애쓰지 말고 가까운 동네 도서관에서 찾아보자.

부모교육 강의 준비로 긴장하는 나에게 남편은 말한다.
"뭘 그렇게 고민해? 잘하려고 하지 말고 당신 하던 대로 해."

순간 무거웠던 마음이 한결 가벼워졌다. 남편은 안심되는 말을 곧잘 해 준다. "괜찮아. 그럴 수 있어. 별일 아니야!" 예전엔 들어볼 수 없었던 말들이다. 젊었을 때는 몰랐는데 나이가 들면서 많이 변해간다. 사람은 나이를 먹어 봐야 제정신이 든다는데 참으로 맞는 말 같다. 고지식하고 과하게 이성적이던 사람도 변할 수 있다는 좋은 예이다. 가족들이 다 놀라고 있는데 본인만 모른다. 어쨌든 고마운 일이다. 어떻게 하면 이 사람이 편하게 일할까를 생각하는 사람으로 보인다. 신기한 일이다. 아직 그런 남편이 아니라면 조금만 기다려 보자. 아직 나이가 덜 들어서 그럴 것이다.

부부로 산 지 20년이 넘었다. 세월과 함께 이제는 서로가 제일 잘 아는 사람이 되어 있다. 그가 무심히 던지는 말에 근사한 의미는 없지만, 상대를 무장 해제하기엔 충분하다. 나도 마찬가지다. 남편을 더 배려하게 되고 상냥해지는 걸 보면 나 또한 제정신이 들어가나 보다. 서로 성숙해지고 여유가 생겼다는 의미일 것이다. 예전이나 지금이나 그 사람도 나도 변한 건 없다. 원래 사람은 잘 변하지 않는다. 단지 상대를 바라보는 시선이 변했을 뿐이다. 상대방을 예전과 똑같은 시선으로 바라보지 않고 그의 입장이 되어 왜 저런 말과 행동을 하는지 그럴 수 있겠다고 나의 시선이 변했다. 이런 여유는 자신의 정형화되고 틀에 박힌 삶을 조금씩 깰 수 있는 용기도 덤으로 가져다준다. 성질머리 어디 가겠는가, 땅을 파고 나오는 게 뿌리라 하지만, 관점을 달리하면 편하게 살아질 때도 있다.

몇 해 전 하동을 여행한 적이 있었다. 지리산 자락에 있는 대나무 농장이었는데, 그때 처음으로 대나무 숲을 걸어 보았다. 나에게 대나무는 차갑고 멋도 없고 키만 컸지 별 매력을 못 느끼는 나무였다. 하지만 이곳에서 마주한 풍경은 달랐다. 하늘까지 닿을 듯한 커다란 대나무 숲 사이사이로 햇살이 비집고 들어와 바람을 일으키고 있었다.

바람이 대나무를 스칠 때마다 서걱서걱 내는 소리, 스윽스윽 살랑거리는 잎들의 바람 소리는 시간 여행 속으로 초대하는 것만 같았다.

한참을 우두커니 그 숲에서 정지했다. 대나무 숲의 묘한 끌림에 매료되었다. 이곳까지 오고 가는 사람들이 많지 않아 한참을 그냥 느끼고 마음으로 담았다. 언젠가 내 온전한 정신에 담을 것들이 사라지는 시간이 오면 다시 이곳을 찾을 거라고 다짐했다. 직접 가보지 않고 직접 들어보지 않았다면 섣불리 말하지 않으련다. 내 얕은 식견으로 세상을 다 아는 것처럼 교만하게 판단하지 않으련다. 대나무 숲 작은 길에서 깨달았다. 나를 일깨우는 곳이 있다는 건 행복을 한 주머니 주워 담은 기분이 든다.

그 이후 대나무 숲을 나의 안식처라 명명했다. 세상을 살다 보면 나만의 안식처가 필요하다는 걸 느낀다. 안식처는 자신에게 용기를 낼 힘을 키우기에 적합한 장소임이 틀림없다. 나만의 휴休 공간을 찾아내는 일도 매우 중요하다.

아르바이트를 처음 해 보는 딸이 면접에도 패스하고 당장 내일부터 나가야 하는데 떨리고 자신감이 없다고 한다. 손님한테 어떻게 말을 걸어야 하는지 조바심이 이만저만이 아니고 걱정만 가득했다. 그런 딸에게 목소리와 표정만 조금 바꾸어 실제 손님을 응대하는 것처럼 몇 번을 연습시켰다. 다음 날 아르바이트에서 돌아온 딸은 들뜬 목소리로 외쳤다.

"엄마, 너무 재밌었어. 쫄지 않고 잘한 것 같아."

세상일이 조바심만 갖고 있다고 해결할 수는 없다. 조바심으로부터 내가 떠날 준비를 시작해야 비로소 벗어날 수 있다. 경험보다 좋은 스승은 없고 연습만 한 게 없다 하지 않았는가. 결국 용기는 나한테서 나오는 것이다.

7년을 사귄 남자 친구와 이별한 그녀는 "드디어 헤어졌어요." 하며 고백을 했다. 오래된 커플이 헤어지기까지 얼마만큼의 용기를 내었는지 짐작하기 어렵지만, 지금의 그녀는 유쾌하고 밝아졌다. 잘 헤어지는 것도 남녀 간에는 너무도 중요한 일이다. 서로 헤어질 결심은 하지만 쉽지 않다. 눈치만 보다가 일 년이 가고, 결심하는 데 또 일 년이 넘어가고, 통보하고 나서 서로 보내 주는 데 2년 걸려 드디어 헤어졌다니 박수를 보내 주고 싶었다. 이별은 아프다. 특히 남녀 사이의 이별은 더더구나 힘들다. 잘 헤어져야 한다. 서로 미련을 두지 말고 굿바이 할 수 있어야 건강한 이별이 될 수 있다. 해코지하지 말고 서로의 앞날에 응원해 줘야 한다. 그래야 다음번 인연을 더 소중히 맞이할 수 있다. 각자의 시절 인연에 감사하자. 마음껏 사랑했으므로 그것만으로 충분하기 때문이다. 이별도 도전이고 용기다. 새로운 도전의 열쇠는 자신이 풀어야 한다.

그림에 소질이 없었던 나는 학창 시절에 사생대회 시간만 되면 반에서 그림 잘 그리는 친구 옆에 붙어 앉아 귀찮게 했다. 그 친구는 흔쾌히 잘도 그려 줬다. 그림이 쉬웠던 친구는 그림이 어렵지 않았고 나는 어려웠다. 그는 이미 충분히 그리는 것에 용기를 얻었고 반면에 나는 그림을 그리기 위해 용기를 내야만 했다. 그러다 보니 그냥 그림이 좋아졌다. 자주 만나면 친해지듯 어쩌다 미술치료사로 일하면서 그림과는 뗄 수 없는 사이가 되었다. 그림을 마주할 땐 그림 속을 보려하고, 그림으로 표현한 작가의 마음을 만나려고 애쓰는 중이다. 각자의 그림 속에서 용기를 찾기 바란다.

"너는 이미 네가 생각하는 것보다 더 잘 해내고 있어. 무엇을 잘하느냐가 아니라 지금, 이 순간에 자신이 얼마나 중요한지를 아는 게 더 중요해."

자신의 그림에 만족할 때 용기는 저절로 생겨진다. 그 누구도 아닌 자신의 그림을 그리세요. 당신의 그림은 독특하고 이미 특별해요. 그러니 당당히 그리세요.

5

인생에 정답은 없다!
모범 답안이 있을 뿐

　오랜 시간 나를 힘들게 하는 것 중 하나는 계획되지 않은 일에 대한 불편함이었다. 내 안의 불편함은 바로 나였다. 미리 준비해야 하고 계획하지 않은 일은 쉽게 풀지 못하고 나아갈 수 없었다. 시간에 대한 강박이 심해 여유를 갖지 못했다. 조금만 더 느슨해졌더라면…. 마음의 여유는 없어지고 생각만 많아져 힘이 들기만 하는 나를 원망하는 순간이 많았다.

　요즘 그림을 그리면서 느끼는 건 그런 나를 깊게 들여다볼 수 있어서 다행이라는 생각을 하게 된다. 불편감도 조금씩 줄어드는 느낌을 받는다. 그림 작업이 없었다면 나의 이런 부분을 찾아내지 못했을 것이다. 그냥 지나치며 여전히 나와 주변 관계에 고민하지 못하고 내 마음의 눈치를 알아채지 못했을 것이다. 오로지 '불편해'라는 단어로만 단정 지으려 했을 것이다.

이런 나를 보게 해 줘서 참 다행이란 생각이 든다. 원망하던 나, 불편했던 나를 보듬어 주고 내가 나를 바로 보니 앞으로 나아갈 방향이 조금 더 잘 보이는 듯하다. 그림은 내 마음을 만나게 해 주는 친한 친구와 같다. 나에게 좋은 치료임이 틀림없다. 시간에 대한 강박에서 많이 자유로워졌다.

내담자의 그림 속에도 아픔이 느껴질 때가 많다. 불의의 사고로 형을 먼저 떠나보낸 동생의 슬픔. 차마 마주 볼 수 없어 뒷모습으로밖에 표현할 수 없다는 동생은 형이 가는 길이 무섭지 않도록 달님을 그려 넣고 길을 환하게 비춰 주었다. 동생의 애절한 마음이 그림 속에 스며들어 형을 지켰다. 그림을 그린다는 건 말로 전하지 못한 무의식의 나를 표현하고 표출하는 작업이다. 사별의 어려움을 난화로 끄적이다 자신도 모르는 재능을 알게 되는 중년의 남성은 고립에서 벗어날 수 있었다.

살면서 큰일이든 작은 일이든 문제에 부딪히게 되면 자신을 통제하기가 어려워진다. 준비되지 않은 어쩔 수 없는 상황은 수용하는 자세가 필요하다. 내가 통제 불가능한 것들은 내버려 두어야 한다. 자신이 통제할 수 있는 것에만 집중하자. 지금 자리에서 최선을 다하는 것이다. 그리고 변화시킬 수 있는 것에 집중하다 보면 자신만의 답안들이 조금씩 보이기 시작할 것이다.

얼마 전 집단 상담을 마쳤는데 많은 질문이 있었다. 그중에 "장기 상담을 잘하는 방법을 알려주세요.", "내담자의 문제를 해결할 수 없어요." 하는 질문들이었다.

상담을 잘한다고 생각해 보지 않았지만, 오랜 기간 만나는 내담자들이 꽤 있다. 하지만 누군가에게 방법을 알려줄 정도의 그릇도 못되고 경험도 전문성도 부족한 사람이라 당황스러운 질문이었다. 대부분의 심리상담사들은 아무리 경력이 쌓였다 하더라도 내담자들은 "개개인의 특성 individual 이 다른 존재이기 때문에 상담은 늘 어려운 일입니다."라고 말을 종종 한다. 나도 마찬가지다. 질문들에 나의 대답은 "그들의 마음에 닿으려는 저의 마음이 통한 게지요."였다.

장기 상담 중 내담자에게 이런 얘기를 종종 듣곤 한다.
"시간은 저의 상처를 달아나게 하네요. 잡히지 않을 만큼 멀리요."
"화해의 문을 열려고 노력하지 않았는데 저절로 열리네요. 신기
  해요."
"소풍 가기 전날 설레는 맘으로 이곳에 와요."

순간순간 내담자의 입장에서 생각해 보고, 언제든 내담자와 함께 하려는 마음이 닿을 때 비로소 신뢰가 이루어진다. 신뢰는 진심이 담긴 믿음으로 단단해질 수밖에 없다. 어쩔 수 없는 상황을 수용하고 넓은 마음을 가지고 함께 간다는 것이겠지요.

또 다른 대답은, 내담자의 문제를 다 해결할 수는 없다. 상담사는 신이 아니고 똑같이 약한 사람이다. 모든 문제에 정답이 있는 것은 아니지 않는가. 문제를 바로 볼 수 있는 용기를 갖도록 함께 옆에서 돕는 사람이다. 당신이 할 수 있는 만큼만 해도 충분하다.

우리 세대는 국민교육헌장을 누구나 다 외웠다. 나처럼 기억력이 떨어지는 사람도 아직 잊지 않고 있는 걸 보면 주입식 교육이 참 대단하다고 생각한다. 첫 구절이 "우리는 민족 중흥의 역사적 사명을 띠고 이 땅에 태어났다"이다. 그때의 영향인지 우리는 곧잘 역사적 사명을 다른 해석으로 자신에게 씌우려는 경향이 있는 것처럼 보인다. 무의식 속에 나의 사명으로 받아들여 자신, 타인에게 책임과 의무를 다하려는 정신이 자리하고 있는 것은 아닐까? 나도 그중의 한 사람일 것이 분명하다. 그러니 이제 그 사명을, 꼭 정답만을 찾기 위해 바둥바둥하지 말아야겠다.

우리 아파트 화단에는 나무들이 빼곡이 줄지어 뽐내는 친구들이 많다. 집을 지으면서 조경에 무척 신경을 쓴 모양이다. 덕분에 자주 걷게 되고 묘목의 이름을 새롭게 알기도 했다. 대추나무를 알게 된 것도 팻말에 쓰인 이름표 덕이었다. 줄기는 단단하고 작은 잎들이 촘촘히 맺혀 있는 유난히 마음이 가는 예쁜 나무다. 잔가지에 엉겨 붙은 잎들은 야무지게 초록의 빛을 더했다. 대추꽃은 아주 작은 별 모양을 하고 있다. 꽃을 세 차례나 피우고 열매를 맺는다고 느림보라는 별명을 가졌다고도 하는데, 그만큼 '탱글탱글한 대추로 영글기 위함' 이란 생각이 든다.

장석주 시인의 "대추 한 알" [3]이 생각난다. 시를 읽으면 시인이 얼

---

3) 장석주 글; 유리 그림 · 만화, 2015, 《대추 한 알》, 이야기 꽃

마나 관찰력이 풍부한지 시의 탄생에서 짐작하고도 남는다. 사랑의 눈으로 봐야 비로소 보이는 것들, 당연한 걸 당연하다고 보지 않는 날카로운 시선이다. 누구든 혼자의 힘으로 살아갈 수 없음을 대추가 저절로 붉어질 리가 없다고 시인은 우리에게 다양한 답안들을 제시해 준다. 세상과 통하는 모든 것은 저절로 이루어지는 법은 없다. 그러니 지금 살아내고 있는 당신이란 존재는 이미 훌륭하다.

> 겨울이 지나야
> 봄을 만나고
> 비를 맞아야
> 무지개를 본다.
> 따가운 햇살을 견뎌내는
> 저 대추나무도
> 곧 열매를 맺으리라.
> 혼자 자라는 생명은
> 어디에도 없듯이

인생의 고비를 만날 때마다 한 걸음씩 뛰고 있는 거라고 믿게 해 준다. 자! 우리도 오늘부터 한 걸음 뛸 때마다 나 자신부터 믿고 걸어 보자.

수고했어요, 당신.

6

제멋대로 판단하는 오류

"말이 통하는 어른은 선생님이 처음이에요."

"정말이니? 말이 통한다니 그 말 고맙구나."

"네. 어른들은 다 똑같아요. 맨날 가르치려고만 하고 제 말은 듣
 지도 않고 막무가내예요."

"그래, 어른들이 좀 '막무가내'이긴 하지."

"그런데 선생님은 안 그래요. 제 말 잘 들어 주잖아요. 그래서 좋
 아요."

사춘기가 시작된 아이는 모든 것이 불만이었다. 학교에 나오기 싫
어했고 친구들도 마음에 안 들고 담임 선생님과도 자주 부딪혔다. 한
참 만에 입을 연 아이는 자신이 좋아하는 건 그림이라고 말했다. 아
이와 만나는 날, 우리는 그냥 그림만 그렸다. 애니메이션, 팝아트, 정
물화 등 아이는 손재주가 뛰어났다. 나는 아이를 만나기 위해 그림에

관한 사전 공부도 하고 스케치를 해 보기도 했다. 아이들의 신조어도 익혔다. 나름 '릴렉션' 부자라고 자부하는 나는 아이의 그림 솜씨를 보고 가만히 있질 못했다. 감탄이 절로 나왔다. 늘 뾰로통해 있던 아이의 얼굴이 한결 환해졌고 조금씩 편해지는 걸 느꼈다. 말문이 트인 아이와 나는 서로 잘하는 것 하나씩 찾아주기로 약속했다. 그날 아이는 "말이 통하는 어른은 선생님이 처음이에요."라고 말해 주었다.

말이 통한다니 참 다행이고 반가운 일이다. 그런 생각을 언어로 표현해 낸 아이에게 고마웠다. 이 아이는 분명 말이 통하는 어른을 계속 찾아내 만나게 될 것이다. 말이 통한다는 건 누군가 내 마음을 알아준다는 생각이 들어 그를 믿어 보고 싶어질 때가 아닐까?

아이들은 어른으로부터 자신이 아무리 고약하게 굴어도 밉다고 하지 않았으면 하는 기대가 있는데, 그 기대를 저버리지 않을 때 마음을 여는 것 같다. 하지만 어른은 그 기대를 마음대로 해석하고 규정해 버린다. 아이가 똑같은 실수를 반복하면 "네가 그럴 줄 알았어.", "너 또 시작이구나."라고 나무란다. 결국 아이는 "말하면 뭐 해요. 또 혼날 텐데요." 하며 어른과는 말이 통하지 않는다고 판단하게 된다.

한 발짝만 뒤로 물러나 보자. 심호흡을 한번 하고 그들의 얘기를 들어 보자. 말이 통하려면 상대의 기분을 먼저 알아차리는 연습이 필요하다. "너도 생각이 있었구나. 그래서 기분이 상했던 거구나."로 바꿔 보자. 어른 되기 여간 어려운 게 아니다. 막무가내 어른이 되지 않기 위해, 내 마음대로 해석하고 규정해 버리는 어른이 되지 않기 위해, 오늘 제멋대로 판단하는 오류는 잠시 보류해 보자.

"모든 어린이는 예술가입니다. 문제는 아이들이
자라면서 어떻게 예술가의 모습을 유지하느냐입니다."

- 파블로 피카소 -

제멋대로 판단하는 오류 1

누구든 어떤 새로운 사람을 만나면 그의 외모나 첫인상, 특정 행동을 보고 '이 사람은 이럴 것이다'라고 추측하고 자기 주관대로 판단하고 정의하는 것이 일반적일 것이다. 나도 다르지 않다는 생각이 든다. 최근에 같은 업무를 담당하는 부서의 선생님을 소개받은 적이 있다. 내가 도움을 받는 처지라 이것저것 상의할 게 많았다. 며칠 남지 않은 중요한 행사여서 서둘러야 했던 나는 시종일관 무덤덤하게 일을 처리하는 분이 마음에 들지 않았다. 말은 안 했지만, 나의 얼굴엔 '당신 맘에 안 들어요. 일 좀 제대로 할 수 없어요.'라고 씌어 있었나 보다. 불안에 가득한 표정으로 담당 팀장이 뛰어왔다. 무슨 일이 있느냐고 표정 연기에 서툰 나의 나쁜 버릇이 있다는 걸 알아차리기엔 너무 늦어 버렸다. 알고 보니 그 담당 선생님은 이런 프로젝트를 몇 번이나 치러낸 베테랑이었다. 그러니 여유가 있을 수밖에요.

그분으로서는 허둥지둥하며 어수선하기만 했던 내가 더 어이없었겠지요. 지금은 호흡이 잘 맞는 좋은 동료가 돼 있지만, 가끔 저를 놀리곤 합니다. 연기하면 망하니까 조심하라고요.

이처럼 자신의 거울은 상대방에게 언어적이든 비언어적이든 그대로 드러난다. 목소리뿐 아니라 표정에서 모든 몸짓에서 자신을 표현한다. 제멋대로 판단해 버리는 나의 나쁜 습관은 결국 누구도 아닌 자신에게 이롭지 않다.

자신도 모르게 반사적으로 나오는 내 행동을 관찰해 보자. 예를 들어 대화할 때 꼭 자신이 충고해 주어야만 한다고 생각하는 것이다. 한 번은 괜찮을 수 있지만, 주의해야 할 것은 이것이 반복되지 않게 하는 것이다. 반복되면 습관이 되고, 어느새 습관이 되어 버리면 이 행동을 고치기 위해서는 훨씬 더 큰 노력이 필요하기 때문이다.

매번 충고하는 자신 옆에 사람들이 하나둘 멀어지고 있는 걸 알아차렸을 때 수습하려는 것보다 충고를 해야만 한다는 생각에서 벗어나는 것이 우선이다. 문제 자체가 일어나지 않도록 미리 예방하는 것 말이다. "나쁜 습관은 고치는 것보다 예방하기가 더 쉽다."라는 벤저민 프랭클린의 말을 다시 한번 명심하자.

제멋대로 판단하는 오류 2

빙산氷山은 사전적 정의로는 물에 떠 있는 얼음조각으로 물 위에 나타난 높이가 최소 5m 이상 되는 것이라고 한다. 수면 위에 떠 있는 빙산은 전체 빙산의 10%에 지나지 않는다. 나머지 90%는 수면 아래에 잠겨 있다.

수면 위로 보이는 빙산의 부피가 커지면 커질수록 수면 아래에 잠겨 있는 빙산의 부피 역시 같이 커진다. 그러니 빙산 일부를 보고 그것이 빙산 전체라고 판단해서는 매우 어리석은 오류라는 걸 수없이 배운다. 그런데도 우리는 망각한다. 지금 보고 있는 것이 전부이고 진실이라고 믿는다.

부부 상담 중에 "남편은 늘 제게 비난하는 사람이에요. 어제도 저에게 당신은 왜 매번 같은 실수를 하느냐고 별일도 아닌데 큰소리쳤어요."라고 부인이 하소연한다. 그런데 빙산 작업을 하면서 서로의 진심을 발견한 부부는 끌어안고 한참을 울었다. "왜 당신은 매번 같은 실수를 하는 거야?" 이 말이 수면 위에 나타난 행동 일부라면 저수면 아래의 열망과 기대 마음은 어떤 것일까? "나는 당신이 같은 실수를 반복하는 것이 마음이 아파. 자꾸 기억력이 없어지는 것도 속상하고 내가 이렇게 만들었나 하는 미안함, 죄책감이 떠올라 속상해서 나도 모르게 큰소리쳤네." 깊은 마음을 알게 될 때 부부는 함께 산 세월을 다시 돌아보게 된다.

우리는 살아가면서 단지 빙산만 보게 된다. 들리는 것만 듣고 내가 듣고 싶은 대로만 들으려 한다. 하지만 그렇게까지 말하는 속마음을 헤아린다는 건 쉬운 일이 아니지요. 부부뿐만 아니라 아빠가 아이에게 언성을 높일 때도 마찬가지이다. 큰소리로 야단치는 그 이면에 '아빠는 네가 행복했으면 좋겠어. 짜증 내지 않고 친구들과도 잘 지냈으면 해' 하는 아빠의 마음을 볼 수 있다면, 또 서로의 마음을 먼저 안다면 오해는 조금씩 줄어들게 되겠지요.

육아에, 집안일에 지쳐 과도한 스트레스와 싸우고 있는 40대의 여성은 "왜 이렇게 살아내기가 힘들까요?"라며 호소했다.

미술치료 시간에 스트레스를 빙산으로 표현해 보기로 했다. 내담자는 점토로 커다란 빙산을 만들고 그 안에 쓰러져 있는 자신의 모습을 표현하였다. 현재 여성이 겪고 있는 스트레스는 그 이상의 무게로 느껴지기도 했다. 스트레스의 원인을 알아보고 실제로 느껴지는 강도도 다시 탐색했다. 그 과정에서 스스로 잘못 판단된 오류도 찾아 냈다. 육아와 집안일도 원인이지만 그보다 먼저 자신을 돌보는 것이 중요하다. 더 잘해야겠다는 과도한 의무감이 그녀를 짓누르고 있었 다. 행동하기 전 지쳐 있는 상황을 연출하는 것도 오류다. 매일 반복 되는 일을 적당히 해야 한다. 오늘은 여기까지 해도 충분하다는 마음 가짐이 중요하다. 특히 육아와 집안일은 그래야 한다.

긍정의 스트레스도 부정의 스트레스로 지각한 자신을 발견한 여성은 안도했다. 작품이 마음에 들었고 쉴 수 있는 공간을 만들어 내는 자신을 발견했다. 빙산이 우산이 되어 주기도 하고, 그늘이 되기도 하고, 혼자 쉴 수 있게 보호받는 느낌이라고도 했다. 그제야 나도 안심이 되었다.

해석을 달리하면 상황은 언제든지 바뀔 수 있다. 때로는 자신의 틀을 과감히 무너뜨릴 때 반전이 일어난다. 미술치료 현장에는 이 모든 것이 치료적이기에 제멋대로 판단하는 오류를 충분히 제거되기도 하고 재창조의 기쁨을 맛보기도 한다. 미술치료를 만나건 큰 축복이란 생각이 든다.

7

아픈 건 그냥 아픈 거다

"표현되지 않은 애도는 어떤 방법으로든 완전하게
표출될 것이다."

– 데이비드 스위처 –

내 생애 가장 잘한 일은 7년 전 시작한 '감사일기' 쓰기다. 처음 감사일기를 쓰게 된 계기는 감사 교육 워크숍에 참석하고 하루 5감사를 쓰기로 나와 약속을 한 날이다. 아마도 그날 나에게 '감사'가 특별하게 다가왔음이 분명했다. 나의 일상이 어떻게 변화되어 가는지 확인해 보고 싶기도 했다. 매일 감사일기를 쓰다 보니 감사할 일도 생기고 웃는 일도 많아졌다. 5감사를 쓰면서 드는 생각이 내게 행운으로 온 감사를 다른 사람들에게도 전해 주고 싶었다.

우연히 알게 된 출판사 대표님은 감사일기를 책으로 내보면 어떻겠냐고 제안하셨다. 그렇게 해서 감사일기가 《아주 특별한 선물 감사》로 나오게 되었다. 부끄럽지만 나의 첫 에세이가 된 셈이다. 마침 '생로병사의 비밀' 프로그램에서 감사의 기적도 방영하고 군부대, 학교, 기업에서 감사 쓰기 열풍이 일어났다. 다행히 '아주 특별한 선물 감사'라는 주제로 강연 요청이 많아졌다. 그렇게 감사는 나에게 행운으로 시작되었다.

몇 해 전 강의 중간에 어느 분이 손을 번쩍 들었다.
"강사님, 우람이 잘 있죠?"

그 말을 듣는 순간 나는 정지되었다. 뭐라고 대답할 사이도 없이 눈물이 주르르 흘렀다. 우람이는 우리 집 반려견 이름이다. 10년을 함께 살았으니 책 페이지 곳곳에 등장한다. 우람이가 무지개다리를 건너간 지 몇 개월이 되지 않았을 때였다. 나는 그만 마이크를 끄고 한참 동안 말을 잇지 못했다. 강의장에는 저를 아는 분들도 있었고, 이미 책을 읽어 우람이가 누구인지 알고 있기도 했다. 강의하다가 우는 강사라니요. 전 프로가 아니었어요.

그날 우람이의 소식을 전하고 오히려 청중들의 박수로 다시 강의를 할 수 있었다. 그중에는 펫로스 증후군을 앓고 계신다며 오히려 저를 안아 주기도 했다. 반려견을 보내고 몇 달은 새벽 두 시만 되면 어김없이 눈이 떠졌다. 텅 빈 거실에 앉아 멍하니 바라보다 목 놓아 통곡했다. 아이가 총총걸음으로 뛰어 나를 향해 오는 것 같았다. 그의 커다란 눈망울, 날름거렸던 긴 혀, 갸우뚱하며 나를 빤히 쳐다보던 그의 모든 몸짓이 더욱 선명해지기만 했다.

'강아지와 함께 살려면 하루에 세 번 산책을 해 줄 수 있는 사람이어야 한다'는 말이 가슴에 비수처럼 꽂혔다. 못 해 주고 못 들어 주고 했던 미안함은 나의 걸음 수만큼 커지기만 했다.

이별은 전혀 예견하지 못했고 불현듯 우리 가족에게 찾아왔다. 준비되지 않은 이별은 살을 에듯이 아프고 저렸다. 집은 침묵으로 여러 날을 휘청거렸다. 누구 하나 먼저 말을 걸지 못했고 서로 눈으로만 '괜찮지, 괜찮아' 하며 시선도 오래 두지 못했다. 건드리면 금방이라도 쏟아질 것만 같은 눈망울이었기 때문이다. 우람이는 그렇게 우리 곁을 떠나갔다. 우리 가족은 더 끈끈해졌다. 누가 어떻게 될까 봐 서로서로 감시하기도 했다.

우람이는 떠나면서까지 사랑 주머니 하나를 툭 던져 두고 갔던 것이다. 나는 강의장에서 우람이와 이별하는 방법을 배우게 되었다. 상실의 아픔에 놓인 많은 분을 만나면서 나만의 애도 방법도 찾았다. 살을 도려내듯이 아팠던 가슴이 차차 사랑으로 메워지게 되는 것도 알게 되었다. 실컷 아파해야 한다는 것, 마음껏 눈물을 흘릴 것, 미안함 고마움을 충분히 느낄 것, 그리고 남아 있는 사람들은 서로 보듬어 주어야 한다는 것을⋯. 아픈 건 그냥 아픈 것이다.

애도 과정을 겪어 낸 자신에게 쓰는 편지도 괜찮다.

사랑으로 와서 사랑을 남겨 두고 떠난 자리엔
온통 흩날리는 사랑 잎들이구나.
네가 남겨둔 사랑 잎 하나 받아들고

긴 여행을 떠났던 나

그 여정이 버겁고 슬프고 때론 한없이 그리움이었지만

너의 흔적을 가슴으로 고스란히 담아내는 시간이었다.

행복했고, 아팠고, 또한 용기도 필요로 했다.

순간순간 너의 체취를 느끼고 너의 눈망울을 품었다.

그리고 너를 보낸다. 훨훨

여정을 풀고 이젠 편한 의자에 기대어 쉴 수 있을 것 같다.

너도 쉴 수 있기를, 영원한 나의 사랑아

모든 이별에는 미안한 게 참으로 많고 고마웠던 일은 파도 파도 멈춰지지 않는다. 사랑하는 가족, 친구, 연인, 살아내면서 먼저 보내야 하는 사람은 살아 있는 우리이다. 내가 먼저 갈 수는 없지 않은가. 내가 살아 있는 한 내가 주연이기 때문이다. 마음껏 아파하고 마음껏 미안해하고 마음껏 슬퍼하라고 쏟아붓고 다시 담을 삶을 발견하기를 바란다.

스코틀랜드 예술가이자 동물 애호가인 에드나 클라인의 시 〈무지개다리〉를 실어본다.

"천국의 저쪽 편에는 '무지개다리'라는 곳이 있어요.
    지상에서 사람들과 함께했던 동물이 죽으면 그들은
    무지개다리로 갑니다.
    그곳에는 우리들의 모든 특별한 친구들이 뛰어놀 수
    있는 초원과 언덕이 펼쳐져 있답니다.

그곳에는 넘치는 음식과 물, 햇빛이 넘쳐나고
우리의 친구들은 언제나 편안하고 따뜻하게
지낸답니다.
아프고 나이 들었던 동물들은 건강과 활력을 되찾고
다치고 불구가 된 친구들은 온전하고 튼튼하게 됩니다.
우리가 꿈꿨던 좋은 기억들처럼 말입니다.

그곳에 있는 동물들은 행복하고 만족합니다.
딱 한 가지를 빼놓고 말이죠.
그들은 지상에 남겨진 그들에게 소중하고 특별한
그 사람을 매우 그리워합니다.
그들은 같이 뛰놀고 장난치며 놀다가 그중 한 아이는
갑자기 저 먼곳을 바라봅니다.
그 아이의 눈은 반짝거리며 한 곳에 집중되고
몸은 떨립니다.
갑자기 그 아이는 친구들 틈에서 벗어나
푸릇푸릇한 잔디 위를 달려갑니다.
매우 빨리 힘껏 달려갑니다.

아이(반려동물)는 당신(주인)을 발견했습니다.
당신과 당신의 특별한 친구가 드디어 만나는
순간입니다.
둘은 사랑으로 서로를 끌어안고 다시는 떨어지지 않을

것을 약속합니다.
키스 세례가 당신에게 쏟아지고,
당신의 손은 다시 한번 그 따뜻한 몸을 쓰다듬지요.
당신은 다시 한번 사랑과 믿음이 가득한
당신의 반려동물의 눈을 바라봅니다.
삶에서는 떠났지만 마음에서는 한 번도 떠난 적이
없었습니다.
그리고 이제 둘은 함께 저기 있는 무지개다리를
건넙니다."[4]

- 에드나 클라인 -

언젠가는 다시 만나자 사랑하는 나의 아가야!
그날이 오면 너를 꼭 안고서 밤새도록 궁금한 얘기 다 들려줄게.
행복하게 지내거라.
나의 영원한 왕자님.

---

4) Edna Clyne-Rekhy, 1959, The Rainbow Bridge, n.p.

8

새로운 버릇이 생긴다는 것의 의미

"가을은 모든 잎이 꽃이 되는 두 번째 봄이다."

- 알베르 카뮈 -

'의미'를 알려고 하는 순간이 오면 그만큼 자신이 성숙하여 가고 있다는 것이 아닐까? 젊었을 때는 보이는 것에만 관심을 가졌다면 이 제는 그 사람의 내면을 이해하려는 마음이 생기는 것, 이런 게 성숙 이란 생각이 든다.

20대부터 비행기를 타는 일이 많았다. 물론 출장도 있었지만 나에 게 주는 선물처럼 처음 경험한 타지에서의 낯선 여행이 좋았다. 그 후 월급은 몽땅 저축했고, 목돈이 모이면 바로 여행지를 알아봤다. 여권 이 너덜너덜해지는 짜릿함을 즐긴 것인지, 오로지 젊음이라는 깡이 었는지, 카메라를 메고 세계 곳곳을 다녔다. 비행기에서 보내는 시간도 늘었다. 처음엔 잠을 자고 책을 읽었고 영화를 봤다. 옆자리에서 말이라도 걸어오면 거절하기 일쑤였다.

주로 혼자 하는 여행을 좋아했기 때문에 방해받는 것이 싫었다. 그게 더 편했고 자유로웠다. 어디서 그런 배짱이 나왔는지 지금 하라면 절대 못 할 것들을 젊음이어서 가능했었나 보다. 길을 잃었을 때 현지 사람들로부터 받았던 친절, 우연히 발견한 가게 한 귀퉁이에 걸린 서정적인 그림들, 목적 없이 거닐다 마주한 성당에서의 평온함을 잊지 못한다. 만년설이 덮인 알프스의 봉우리 샷으로 사진 콘테스트에서 입상도 했던 지난 기억들이 벌써 30여 년 전이라니 믿기지 않는다. 혼자가 좋았고 혼자가 불편하지 않았던 나의 청춘이었다.

나이를 먹으면서 그런 깡도 없어지고 그런 배짱은 찾아볼 수도 없다. 혼자보다는 여럿이 함께하는 게 좋아진다. 아마도 그만큼 배짱이 작아졌다는 것일 거다. 배짱은 작아지고 겁은 많아지고, 이제 외부가 아닌 내부로 관심을 가진다. 언제부턴가 여행 습관도 변했다. 우리나라 여행지가 얼마나 좋은지 계속 반하는 중이다. 가는 곳마다 세계 명소로 추천하고 싶을 만큼 훌륭하다.

어쩌다 비행기를 타면 옆 사람에게 먼저 인사를 건네고 이야기를 나누다 보면 금세 친해져 있다. 그 모습을 본 딸은 세상에 미친 친화력이라는 소리를 하는 걸 보니 나도 영락없는 아줌마임이 틀림없다. 새로운 버릇이 생긴다는 것은 나의 태도가 달라져서 생기는 것 중의 하나이기도 하다. 그 태도는 마음에 든다는 얘기일 것이다.

오십이 넘어섰다. 앞으로 내가 30년을 더 산다고 가정하면 나에게 봄과 여름은 30번이 남았다. 나이가 들수록 시간이 빨리 지나간다고 하는데 앞으로 나의 시간은 얼마나 더 빨리 지나갈까! 50번의 계절이 이렇게 성큼 다가올 줄 상상도 못 했었다. 그러니 서른 번의 봄과 여름은 또 얼마만큼의 속도로 나에게 다가올까. 어김없이 계절은 잘도 찾아올 것이고 우리는 저마다의 다른 몸짓으로 계절을 맞이할 것이다. 해를 넘기며 계절의 고마움은 깊어만 진다. 겨울은 추위를 잘 타서 여름은 땀이 많아서 이런 이유는 온데간데없어졌다.

3월이면 어김없이 후레지아 꽃 한 다발을 사 들고 달려오는 후배의 향기로움에 빠지고 되고, 5월의 신록은 볼수록 '누가 누가 더 푸른가?' 뽐내기를 자랑하는 무성한 잎들의 아우성에 취한다. 햇볕을 피해 다니기만 했던 나는 이제 일광욕을 적당히 즐기기도 한다. 계절을 맞이하는 마음이 조금씩 달라진다.

봄이 되면 꼭 새로운 다짐을 해야 할 것만 같던 마음에도 여유가 생겼다. 계획들이 현저히 줄어들고 그대로 몸을 맡기게 되었다. 속도를 내다가 멈춰도 불편하지 않게 되었다. 서른 번의 봄과 여름 가을과 겨울이 앞으로 나에게 올 친구라면 아직도 많은 친구를 만날 수 있으니 서두를 필요가 없겠다. 그래야 내게 오는 그들을 지나치지 않고 맞이할 수 있을 테니까 말이다.

어릴 적부터 춤추는 걸 워낙 좋아했던 친구는 부모님의 완고한 반대로 춤은 늘 가슴에 한처럼 쌓여 있었다. 이제는 반대할 부모님도 연로하시고 누가 막는다고 들을 나이도 아니어서 용기를 내었다. 이것저것 생각 안 하고 무작정 댄스 학원에 등록했다. 미루기만 하다가 인생 끝날 것 같았다는 친구는 춤을 마음에만 담아둘 수 없었다. 그의 재능은 묵혀도 빛을 발하였다. 춤추는 동안 머리가 비워져 요즘 살맛이 난다는 그녀를 보는 재미가 내게도 전염되는 듯했다. 꾸물거리는 시간을 멈추는 방법은 저지르고 보는 것이라는 그녀의 유쾌한 견해에 우리는 한바탕 응원했다. 이 얼마나 멋진 도전인가. 다음 해 댄스 동아리에서 공연한다는 친구는 요즘 한껏 부풀어 인생 제2막을 준비 중이다. 우리도 마음속 한을 하나씩 꺼내는 연습을 해 보자. 저질러 보는 것도 새로운 버릇이 생기는 것이다. 더 늦기 전 후회하지 않기 위해서다.

"부인이 그렇게 예쁘세요?"

저는 묻지 않을 수가 없었다. 아내를 바라보는 눈빛이 '내가 당신을 얼마만큼 사랑하는지 당신은 알지 못합니다.' 사랑 그대로의 사랑 가사처럼 보는 이를 미소 짓게 했다.

"전에 이러지 않았어요. 이 양반이 60이 넘고부터 이리 유난을 떠네요. 진즉에 좀 이리했으면 대우받았을 텐데, 이제 내가 귀찮아 죽겠어요. 나도 이제 쉴만하니 옆에 와서 귀찮게 한다니까요." 말씀만 그리하셨다. 혼자인 사랑은 없다는 게 지금까지 나의 현장 경험에서 얻은 지론이다.

노부부는 참 많이 닮아 있었다. 남편은 조곤조곤 얘기하고 부인은 듣고 번갈아 가며 누가 우위에 있지 않은 대화였다. 영락없는 사랑에 빠진 남자였다. 40년을 살고도 저런 눈빛으로 부인을 바라볼 수 있는 남자는 흔하지 않다. 영화 속에 가끔 등장하는 장면을 보게 된 우리는 이 집단을 오래도록 기억했다. 그리고 현재 우리의 모습을 다시 점검했다.

동료와 공원을 거닐다 보면 손을 꼭 잡고 산책하는 노부부의 모습을 보게 되는데, 우리는 눈빛으로 서로에게 묻는다. "참 보기 좋아요. 그분들 같아요. 앞으로 우리의 모습인 걸요." 그렇게 믿고 싶었다. 60을 훌쩍 넘겨도 유난 떠는 남편님들이 되기를 간절히 바라본다.

나는 강의할 때 하이힐을 고집했다. 세 시간을 훌쩍 넘기는 강의에도 늘 굽이 있는 하이힐을 신었다. 다리가 가장 예뻐 보이는 굽 길이는 8cm이다. 균형이 제일 잘 잡히고 나도 그게 제일 편했다. 젊었을 때는 아무 문제가 없었다. 제일 예쁘다는 8cm 힐을 벗지 못하고 십여 년을 신고 다녔다. 그리고 몇 번 발목을 삐기도 하고 접질리기도 했다. 나중에는 허리까지 영향이 있었다. 그래도 고집했다. 버릇은 쉽게 고쳐지지 않았다.

스무 살에 일찍이 철이 든 아들이 나에게 조용히 말했다. "엄마, 스티브 잡스도 청바지 입고 운동화 신고 강의하는데 꼭 정장 입고 힐 신어야 하는 법이 있는 게 아니잖아요. 엄마도 이제 임 잡스 하면 어때요?" 아들의 발언이 내 머리를 쾅 때렸다.

그날 이후 하이힐을 벗어 던지고 운동화로 바꿔 신었다. 처음엔 어색했고 너무 성의 없다 지적하지 않을까 하는 생각은 나의 기우란 걸 알았다. 이젠 어디를 가든 운동화를 신는다. 가끔 청바지도 입으면서 강의는 더 편해지고 여유가 생겼다. 자신에게 맞는 옷을 입혀 주는 건 이만큼 중요하다. 편한 게 장땡이란 말은 그냥 있는 게 아니었다. 운동화를 신는 버릇이 내 건강을 찾는 의미가 된 것이다. 우리 어리석은 짓을 재빨리 알아차립시다.

9

흔들리지 않은 꽃은
이미 죽은 것이다

큰일이 일어났다. 연구실의 자랑이자 마스코트였던 동백이가 그만 병이 나고 말았다. 몇 주 출장으로 자리를 비운 사이 벌어진 일이다. 물이 부족할 거라고는 전혀 예상을 못 했다. 잘 자라 주고 있었고 겨울에 빨간 동백꽃을 본다는 것 자체가 남다른 기쁨이었다. 매일 애지중지 떨어지는 꽃을 받아들고 안타까워하고, 잎의 색을 살피고 꽃이 지면 또 피어날까, 동백꽃을 볼 생각에 출근하는 발이 가볍기만 했다. 출장을 가면서도 눈에 넣고 떠났다. 하지만 우리의 마스코트는 다시 피지 못했다.

동백이를 처음 만난 날을 잊을 수가 없다. 빨간 꽃을 피우며 불쑥 들어설 때부터 우리를 반하게 했다. 사무실에 없던 생기가 돌기 시작했다. 한 그루의 식물이 가져온 변화는 매우 컸다. 겨울에 빨간 동백꽃을 본 아이들은 재미도 더해졌고, 한 번 들른 친구들은 동백이의 안부를 묻곤 했다.

이 녀석은 질 때 꽃잎이 전부 붙은 채 한 송이씩 통째로 떨어진다. 하룻밤 사이 우수수 꽃봉오리째 떨어져 있는 동백이를 볼 때는 가슴이 덜컹하기도 했다. 아프지 말고 잘 자라 주길 기도했다. 연구실에 자랑거리였던 동백이는 몇 달간의 행복을 우리에게 전하고 더 이상 꽃잎이 흔들리지 않게 되었다. 생물生物은 생명이 있는 것을 말한다. 흔들리지 않은 꽃은 이미 죽은 것이다. 나는 식집사의 자격이 없음을 울부짖으며 오랫동안 동백이의 여운을 버리지 못하고 마음을 달래야 했다. 지금은 다른 식물들이 그 자리를 채워 주고 있지만, 여전히 마음속엔 빨갛고 탐스러운 어여쁜 동백이가 그대로 남아 있다.

나는 밤 운전이 어렵다. 안구 건조가 심할 때는 유난히 더 힘들다. 가로등이 사방으로 퍼져 마치 불빛 축제인가 싶을 때도 있다. 그러니 밤에 운전을 해야 하는 스케줄은 되도록 거절하게 된다. 부득이 진행해야 한다면 일박을 한다. 그래서 내가 이별하고 싶은 것 중 하나가 장거리 야간 운전이다. 중학교 때부터 안경을 쓰기 시작했다. 안경 쓴 내 모습이 싫어 학교에 갈 때는 안경을 쓰지 않았다. 그러다 선생님께 된통 혼난 적도 있다. 선생님을 보면 인사를 해야지 버릇이 없다는 이유였다. '못 알아봤다고요'라면서 억울함을 호소했지만 어쩔 수 없었다. 그때만 해도 체벌이 가능했던 때라 아마 손바닥 맞는 정도로 그치지 않았을까 싶다. 내 시력이 안 좋은 건 모두 부모님 때문이라며 막무가내로 엄마를 원망했던 철없었던 시절이었다.

결혼해서 둘째를 낳고 라식 수술을 했다. 겁이 많기로 소문난 내가 결심을 한 걸 보면 불편함이 이루 말할 수 없었겠지. 그 후 나의 인생은 라식 수술을 하기 전과 후로 나눌 수 있다. 그만큼 별천지요 신세계였다. 세상이 이렇게 아름다웠느냐고 고백했다니 그때의 황홀감이 다시 살아나는 기분이다. 벌써 20년 전의 일이다. 눈부신 의학의 발전이 한없이 고맙기만 하다. 쓸 만큼 써서 이제 시력은 조금씩 떨어지고 있고 안구 건조증은 어쩔 수 없이 감수하면서 살아간다.

밤의 불빛은 힘들지만, 새벽의 하늘은 거뜬하다. 특히 해 뜰 녘에 만나는 하늘은 건반을 두드리는 손끝을 따르는 건지 순식간에 형용할 수 없는 온화한 빛으로 물들인다. 그 순간 하늘을 향해 성큼성큼 걸어 오르고 싶은 유혹을 느낀다. 밤의 빛과 새벽의 하늘빛을 버무려 놓은 듯 황홀감에 젖고도 남을 만큼 가슴이 벅차오른다. 그래서 내게 새벽 운전은 재창조의 기쁨을 맛보는 순간이다.

그래서 나는 새벽을 달린다. 이 순간을 만나면 온종일 기분이 좋아진다. 갈 곳이 있다는 것, 할 일이 있다는 것, 나를 찾아주는 곳이 있어 살아 있다고 느끼는 순간이다. 이 흔들리는 느낌이 참 행복하고 감사하다. 당분간 새벽을 달리는 여자는 계속될 것이다. 밤의 강렬한 빛은 숨어 있는 시간이고, 새벽의 온화한 빛은 살아내는 시간이다. 움츠릴 때와 날개를 펴야 할 때를 아는 것 또한 잘 살아내기 위한 몸부림이다.

새벽 하늘
지난밤 휘몰아친 앙칼진 목소리는
더 이상 네 것이 아니라 하네

이미 다 용서했노라 하네

날이 새기 전

금빛으로 휘감아 달아나네

다시 네 것이라 말하네

그러니, 아침을 새로이 맞으면 그뿐이다

동살이 비쳐든다

장마도 오기 전인데 며칠 동안 비가 계속 내렸다. 햇빛이 그리워서 우울해지기 시작했다. 드디어 비가 걷히고 걷지 못해 안달이 난 사람들로 공원은 북적였다. 그들의 표정들은 살아 있었다. 걷지 못한 발걸음에 보상이라도 하려는 듯 춤을 추며 걸었다. 움직임을 느끼는 것만으로도 에너지를 받는다. 한참을 걷다가 발밑에 뭔가 촉감이 이상했다. 화들짝 놀라 아래를 보니 붉은색 지렁이가 하나둘 꿈틀거린다.

비가 오면 흙 속에 물이 가득 차게 되기 때문에 피부로 숨을 쉬는 지렁이들이 살기 어려운 환경이 된다. 그래서 비가 오는 동안 밖으로 나오게 되는데, 비가 그친 뒤 다시 흙 속으로 들어가지 못한 지렁이들이 이렇게 보이는 거라고 한다. 사람들은 지렁이를 밟고 지나가고 지렁이는 살려고 꿈틀거리다 몸이 두 동강이 나기도 한다. 다행히 두 동강이 난 지렁이는 죽는 것이 아니라 각자도생하여 산다고 하니 얼마나 다행인가. 지렁이는 땅을 기름지게 만드는 익충이니 혹시 비 오는 날 지렁이를 만난다면 안전한 곳으로 옮겨 주자. 지렁이를 화단에 옮겨 주고 다시 걸었다. '지렁이도 밟으면 꿈틀한다'라는 말은 나 아직 살아 있다. 죽지 않았다고 소리치는 메아리 같다. 저 멀리 아이 둘이 보인다. 쭈그리고 앉아 나뭇가지로 그들의 세상을 탐험한다. 놀이를 방해하지 않으려고 발걸음을 재촉한다. 가끔은 흘러가는 대로 세상을 바라보자.

매일 아침 커피를 마셔야 하루가 평화롭다는 한 박사님은 커피 사랑이 참으로 대단한 분이다. 곧 칠십이 되시는데 아직도 아침마다 들리는 곳이 드라이브 스루란다. 불면증도 없다고 하시니 부럽기만 하다. 항상 같은 루틴으로 생활하기 때문에 당신의 건강을 유지할 수 있는 비결이라 한다. 하루도 같은 날이 없는 하루를 살아가는 게 우리의 일상이다. 당연한 것처럼 일어나는 일은 세상에 없고, 어제와 같은 날이 반복될 거라는 기대는 자신의 의지가 있을 때만 가능하다. 만나는 사람 가운데 그들이 들려주는 확고부동한 패턴은 존경스럽기 그지없다. 30년째 출근하기 전 러닝머신에서 땀을 흘린다는 CEO, 매일 아침 책을 읽는 어르신, 메모가 평생 은인이라고 말해 주는 지인들이 옆에 있는 것만으로도 삶의 동력이 된다.

매일 오는 아침이지만 반복되는 일상이 당연한 일상으로 완성되는 일은 자신의 움직임을 멈추지 않기 때문이리라. 인간에게 움직임은 삶이자 생명이고 행동으로 향하는 첫걸음이다.

3

불편한 내담자와
그림 속에서 만나다

1

해결을 떠넘기려는 사람들

사람들이 살아가다 보면 수만 가지의 문제가 생기게 마련이다. 이 질문에 비껴갈 수 있다면 얼마나 좋을까만 누구 하나 예외일 수는 없는 것 같다. 모든 이의 부러움을 받는 사람도, 저 사람은 무슨 걱정이 있을까 하는 사람도 다 각자의 질문에 대한 답을 찾아가며 살아간다.

하지만 유독 자신의 문제를 스스로 해결하지 않으려는 사람들이 있다. 아이도 성인도 예외가 없다.

"누군가 해 줄 거야, 해 주겠지, 나는 못 하니까…"라는 생각을 가진 사람이다.

매번 자신의 문제를 다른 사람에게 떠넘기려는 태도에서 오는 경우다. 잘해 나가다 마지막 선택은 꼭 누군가의 조언이 있어야 안심이 되고 자신의 결정을 불안해한다. 치료 섹션에서도 이런 경우는 흔하게 나타나는데 "어떻게 하면 돼요?"라는 물음이다. 충분히 해낼 수 있는데도 동작을 멈춘다. 자신이 없다는 신호이다. 자신을 믿지 못하면 아무리 좋은 조건이어도 그를 돕는데 한계가 있다. 누군가 그 물음에 대답해 주기 시작하면 결국에는 자기 스스로 생각하지 않아도 된다고 여기게 된다. 곤란한 일이 생기면 스스로 해결하려 하지 않고 당장 누군가에게 의지하려는 마음이 먼저 든다. 이런 태도를 보이는 내담자들은 의존형의 특징을 가진 것이 공통적이다.

사소한 일조차도 부모나 배우자, 친구에게 의지하려고 한다. 확인받아야 안심이 되고 내일은 어떤 옷을 입을지, 점심은 무엇을 먹을지, 친구와 어디를 가야 하는지 작은 일 하나도 결정하기가 힘들다.

"못 해요. 혼자 할 수 없어요."라는 말만 고집하게 된다.

미술 치료에서는 되도록 내담자의 작품에 개입하지 않으려 하고 스스로 완성하도록 지켜보는 걸 원칙으로 한다. 의존성의 특성을 가진 사람들을 단련시키는 방법의 하나다. 인내심을 갖고 믿고 기다려주어야 한다. 침묵 속에서 내담자는 많은 감정을 경험할 것이다. 불안하고 혼란스러움으로 지우고, 다시 그리고, 부수고 다시 세우기를 반복하면서 드디어 무언가를 만들어 낸다.

그 과정에서 자신의 주장과 자발성이 일어난다. 자신이 완성해 낸 결과물을 직접 눈으로 확인하고 그 감정을 표현한다. 스스로 해낸 것에 대한 뿌듯함은 성취감으로 이어진다. 성취감은 매우 중요하다.

'선생님이 도와주지 않아도 되네요.' 하는 눈빛으로 말한다.

그들에게도 마음속에 맺힌 질문들의 답을 찾을 시간이 필요했기 때문이다. 작업을 해낸 후 얻을 수 있는 것 자신의 결과물을 마주한다는 건 커다란 의미가 있다. '나도 혼자 해낼 수 있구나', '누구의 도움 없이 나도 할 수 있구나', '다음엔 무엇을 해 볼까?' 하는 의욕이 생기게 된다. 스스로 해결력을 찾아낼 수 있도록 습관을 들이는 것이다. 이것이 긍정적인 선순환이다.

우리 모두 각자의 삶을 살아오면서 문신같이 새겨진 습관을 떼어내는 일이 어디 그렇게 쉬운 일인가. 한 번 새겨진 문신은 지워내기가 더 힘들다고 하지 않았나. 그러니 문신도 내게 맞는, 기왕이면 보기도 좋고 남들도 꺼리지 않는 문신이면 좋지 않겠는가. 습관도 마찬가지다. 좋은 습관은 내게도, 타인에게도 기분 좋은 일이다. 그러니 자신에게 맞는 좋은 습관을 새기자.

결핍을 모르고 자라는 요즘 아이들은 스스로 하는 걸 저지당하고 오로지 넌 부모가 시키는 대로만 하면 된다고 과잉보호를 서슴지 않은 부모들이 많다. 자녀들이 요구하면 부모는 욕구를 즉각 충족시켜 주려 한다. 과잉 부모는 자녀가 원하지 않아도 알아서 채워 준다. 부족함을 모르고 자란 아이는 성인이 되어도 스스로 해내려는 의지가 없다. 또 누군가 부모가 아닌 다른 대상이 자신의 욕구를 충족시켜 줄 것을 기대한다. 늘 자신을 돌봐 주고 대신 결정해 줄 사람이 필요한 것이다. 이처럼 자녀에 대한 과잉보호는 비단 우리나라만의 문제가 아니다. 헬리콥터 맘helicopter mom이라는 말이 있다. 헬리콥터처럼 자식 곁을 분주히 맴돌며 모든 문제를 대신 해결해 주는 부모를 말한다. 자녀 스스로 할 수 있는 일인데도 불구하고 부모가 대신해 주는 경우이다. 과잉보호를 받은 아이들이 자살, 불안, 두려움 등 청소년 문제에서 사회적 문제로 대두되는 이유이기도 하다. 심리학자들의 공통적인 의견도 부모의 과잉보호를 첫 번째 문제의 원인으로 지적했다. 자녀가 스스로 문제를 해결할 방법을 습득할 기회를 빼앗는다는 것이다.

스스로 생각할 힘을 기르려면 답을 찾을 시간이 반드시 필요하다. 그 시간만큼 부모는 아이를 믿고 기다려 줄 수 있어야 한다. 생각하고 말하는 습관, 스스로 생각해 보려는 태도, 자기 일에 책임을 지려는 마음가짐이다.

아이들은 자신의 문제를 해결할 능력을 충분히 갖추고 있다. 그러니 대신 해결해 줘야 한다는 불안감으로부터 부모가 먼저 벗어나야 한다.

아이를 키우면서 잠시 갈등에 사로잡혀 멈칫할 때가 있다. 카드를 주는 경우 혹시 돈 귀한 줄 모르고 흥청망청 쓰게 만드는 것은 아닌가? 용돈 이외에 필요하다는 돈을 애먹이지 않고 바로 주는 게 옳은 것인지? 혹은 필요한 돈은 반드시 대가를 치른 후 획득하게 해야 하는지? 이에 대한 고민이다.

부모의 훈육 방향에 따라 각 가정의 시스템이 다를 것이다. 이 질문에 해답이 정해져 있는 것이 아니다.

문화가 바뀌고 세상은 하루가 다르게 변한다. 변화와 발전은 시행착오와 진통을 수반하지만, 이 시대를 살아가는 우리는 이런 변화가 합리적이라면 받아들여야 혼란도 없다고 생각한다. 서로 불편을 줄여나가는 방법도 있는 것이다.

상담 현장에서도 마찬가지이다. 상담사도 '내담자를 과잉보호하고 있지는 않은가?' 하는 질문을 계속해서 던져야 한다.

나의 스승 중 한 분은 "상담사로서 내담자를 위해 뭔가 대단한 것을 하려고 하지 마세요. 그런 부담감을 먼저 내려놓아 보세요. 그냥 상담사로서의 존재 자체가 내담자들에게는 무엇보다 절실하게 필요할 때가 더 많습니다." 이런 충고를 내게 종종 하셨다.

상담사도 사람이기에 무결점의 상담사는 존재하지 않는다는 얘기다. 나 역시도 여전히 불안정하고 불완전한 인간이다.

상담 속에서 스승님의 말씀은 치료에서의 부담감을 줄일 수 있게 해 주기에 충분했다. 존재 자체만으로 이미 내담자는 불안 속에서 자신의 위안을 찾아내는 걸 수없이 경험했기 때문이다.

> "더 이상 상황을 바꿀 수 없을 때 우리는 자신을 바꾸어야
> 하는 도전을 받는다."
>
> — 빅터 프랭클 —

〈부록〉

■ 나를 찾아가는 여행

미술치료에는 규칙도 없고 제한도 없습니다.

그저 마음 가는 대로 아이처럼 천진난만하게 몰두하는 시간입니다.

셀프 치유 미술치료 기법

• 내 마음대로 그리기

　준비물: 크레파스 또는 파스텔, 4절 도화지 여러 장

① 마음에 드는 색을 선택한다.

② 도화지에 손이 가는 대로 끄적인다.

③ 내 생각대로 내 마음대로 자유롭게 그린다.

④ 오른손잡이라면 왼손으로, 왼손잡이라면 오른손으로 그려 본다.

⑤ 자유롭게 낙서하듯 그린다.

⑥ 완성된 그림을 벽에 붙여 바라본다. 그림에 이름이나 제목을 붙여 준다.

그림을 다시 한번 바라보면서 추가하고 싶은 걸 그려 넣고 떠오른 생각 느낌이나 과정을 적어 본다.

2

버림받는 것에 익숙한 사람들

　매년 학기가 시작되면 아이들을 만나는 횟수가 잦아진다. 초등학생은 물론 중·고등학생도 내원하게 되는 경우 되도록 크게 저항 없이 받아들이는 물고기 가족화 그림 검사를 한다. 물고기·어항이라는 매개물은 그림에 대한 부담감을 줄이고 별다른 저항 없이 받아들일 수 있기 때문이다.

　물고기 가족화는 가족 간의 역동성과 소통 관계를 살피고 가족관계에서 심리적 갈등을 일으키는 주제를 파악하는 데 매우 유용하다.

　가족을 물고기로 그려 보는 것은 직접적이지 않은 우회적 방법으로 내면세계가 더 자유롭게 표현될 수 있다. 그림은 말로 표현할 수 없어 숨겨 버린 무의식의 언어이다. 자신의 이야기를 그림이라는 이미지를 통해 누군가와 안전하게 소통하고자 보내는 신호다. 신호를 알아차릴 수 있어야 도움을 줄 수 있고 그와 나의 이야기가 시작된다.

　어항 속 물고기 그림에서 가족들은 다 있지만 자신이 빠져 있는 경우, 보이지 않을 정도로 아주 작은 물고기로 자신을 표현한 경우, 혹은 수초 속에 숨어 있는 물고기로 표현하는 그림을 종종 볼 수 있다. 자기 감정이 어떤 건지 모르고 꾹꾹 누르는 아이부터 가족에게 소외되었다고 믿는 아이까지 답하는 원인은 매우 다양하다. 그러니 그림 속에서 기계적인 해석은 금물이다. 어른들의 관점으로 생각하지 말고 아이들의 부연 설명을 꼭 들어야 하는 이유가 여기에 있다. 요즘 아이들의 생각은 상상을 초월하고도 남는다. 내 아이의 그림을 아는 만큼 아이를 이해하는 세계도 넓어진다.

"저는 원래 그래요."
"저 같은 게 뭐라고요."
"또 그럴 텐데요."

이런 대답을 반복하는 내담자들의 특징은 체념을 쉽게 하려는 경향이 있다. 체념의 사전적 의미는 '희망을 버리고 아주 단념함', '도리를 깨닫는 마음'이라고 되어 있다. 여기선 전자의 이야기를 하려고 한다.

사람마다 불안을 느끼는 대상이 다르고 불안의 정도도 다 다르다. 특정한 대상에게 불안을 경험했다면, 그것을 안고 살아가기는 매우 힘든 일이고 고통이다. 특히, 어린 시절에 버림받은 기억은 커다란 상처로 남는다. 그 상처는 어른이 되어서도 만성적이고 지속해서 자신을 괴롭힌다. 부모로부터 사랑받지 못했다는 기억은 외로움, 소외, 창피함, 무력감, 불안 등으로 이어진다.

프로이트는 "부모의 보호를 받는 것만큼, 아이들에게 더욱 중요한 일도 없다."라고 했다. 정서적으로 미성숙한 부모를 둔 아이들의 상당수가 "저 같은게 뭐라고요."라는 표현을 한다.

아이가 자주 사용하는 말을 관찰하면 그의 환경이 어떤가를 살피게 된다. 이런 체념적인 말은 아이의 상처에서 비롯된다는 걸 자주 접한다. 일반적으로 이런 아이들은 쉽게 좌절하고 자신을 있으나 마나 한 존재라고 생각하며 자존감이 매우 낮은 모습을 보인다.

부모님의 편애로 좌절이 컸던 아이, 어린 나이에 집안일을 도맡아 해야만 하는 아이, 매번 꾸지람으로 주눅이 든 아이는 엄마가 자신을 화풀이 대상으로 여긴다고 했다. 미성숙한 부모는 변덕스러운 행동으로 자녀의 나이에 맞지 않는 일을 떠넘기고 원치 않은 아이인 양 핀잔을 일삼는다. 이런 환경을 제공하는 부모는 아이에게 분명히 정서적 유기를 하는 것이다. 아이는 아이에게 맞는 역할이 있다. 어른은 어른의 역할을 결코 잊어선 안 되는 것이다.

50대의 어머니가 어릴 때 자신의 모습을 회상하며 점토로 소녀를 만들었다. 그 소녀는 다락방에 홀로 앉아 책을 보고 있었다.

"저는 어릴 때 엄마에게 돌봄을 받지 못했어요."

작은 목소리로 이 장면이 제일 먼저 떠올랐다는 그녀는 정성껏 소녀를 다듬고 다듬었다. 머리에 리본을 달고 다리는 편하게 쭉 뻗게 해 주었다. 버림받았다는 기억은 '어차피 엄마는 나를 돌볼 생각이 없었다'는 부정적 영향으로 작용한다. 체념은 그 사람의 사고방식을 왜곡하기도 한다. 어린 자신을 방치했기 때문에 혼자 놀아야 했고 아무도 없는 곳에서 할 수 있는 건 책을 보는 것이 전부였다고 한다. 그래서인지 "지금도 저는 혼자가 편해요."라고 말했다.

가족으로는 함께 살지만 정서적으로 안정감을 주지 않는 부모 밑에서 성장하는 것 또한 트라우마가 될 수 있다. 뭘 먹어도 소화불량이 되기 일쑤였고, 명치 끝이 아픈 건 벌써 오래전 일이 되었다고 고백한다. 몇 해 동안 자신 안에 쌓아 왔던 소외에 대한 두려움을 다락방의 소녀를 마주하며 조금씩 치유가 일어났다. 한참 생각에 잠긴 그녀는 말없이 색색의 과일을 만들기 시작했다. 포도, 바나나, 귤, 딸기를 접시에 담아 다락방의 소녀 옆에 슬그머니 놓아 주었다.

"책 보다가 심심하면 먹으면서 해."
엄마에게 듣고 싶었던 말을 지금 어린 소녀에게 건넨다.

수없이 가슴에 메아리로만 남았을 그리웠던 그 말을 쏟아 냈다. 그렇게 그녀는 다시 돌아올 수 있었다. 지금의 자리로 소녀에서 어른으로 시간 여행을 할 수 있었다.

"이제 좀 편안해 보이네요." 밀린 과제를 끝낸 것처럼 그녀의 표정도 편안해 보였다.

사회적 존재인 인간은 어느 누군가의 돌봄 없이 혼자 살 수는 없다. 갓난아기는 스스로 아무것도 할 수 없으므로 부모의 희생적 돌봄 없이 살아가지 못하고, 성인이 될 때까지 어느 정도의 돌봄은 반드시 필요하다. 우리는 서로를 돌보며 서로를 의지하며 살아가야 한다.

결혼을 얼마 앞둔 예비 신랑에게 파혼 통보를 받은 내담자는 더 이상 살 이유가 없다고 생각했다. 그 남자는 파혼의 이유도 꼭 집어 얘기하지 않았다. 다만 결혼이 자신에게 맞지 않다는 이유가 전부였다. 청천벽력 같은 말에 그녀는 비참했다. 급기야 자살을 시도했고, 누구에게나 폭력을 행사하며 고함을 질렀다. 버림받았다는 생각으로 스스로 자신을 작은 감옥에 가뒀다. 그 후 그녀는 남자를 만난다는 게 두렵기만 했다. 어차피 또 헤어지게 될 거라며, 다시 버림받을 거라고 자신을 고문했다. 그래서 용기도 내지 못하고 모든 희망을 버리고 체념해 버렸다. 누군가에게, 그것도 한때 사랑했던 사람에게 배신을 당했다는 수치심과 남자의 무책임한 행동을 도저히 용서할 수 없었다. 그녀는 불안정했고 정서적 상처로 방황은 오랜 시간 지속되었다.

과거의 경험이 미래에도 계속될 거라는 두려움을 스스로 떨쳐 버리는 연습이 그녀에겐 필요했다. 과정을 성찰해 보는 방법을 찾는 게 더 빠르다는 걸 상담에서 알아차리게 된다. 어차피 헤어질 인연이었다면 결혼 전에 헤어지는 게 백번 낫다. 그런 무책임한 남자가 내 짝이 안 된 게 얼마나 다행스럽고 고마운 일인가. 이제는 자신을 고문하는 일은 시간 낭비다. 그보다 자기 자신을 더 잘 돌보고 자신이 얼마나 소중한 사람인가를 깨닫도록 해야 한다는 걸 알게 된다.

미술치료에서는 상담이 어느 정도 회기가 지날 무렵 거리 두기 하는 시간을 가질 수 있다는 큰 장점이 있다. 그동안의 그림이나 결과물을 눈으로 직접 확인하며 그 과정에 머물러 보고 나를 찾아 나선 여행에서 현재 감정의 변화를 보게 된다는 점이다. 이 과정은 절대로 서두르지 말아야 한다. 버림받은 기억은 매우 힘든 과정이고, 정서적 공허함을 채우는 일은 결국 자신이 해 내야 한다. 하지만 자신만의 힘으로 불가능하다면 망설이지 말고 전문가의 도움을 받기를 권한다. 우리는 보다 행복한 삶을 두려움 없는 내일을 살아갈 자격이 충분히 있다.

"저는 원래 그래요."
"저 같은 게 뭐라고요."
"또 그럴 텐데요."

원래 그런 사람은 없다. 당신은 이미 특별한 사람이고, 지금부터 언제든지 새로운 방식을 배울 수 있는 개성 있는 사람이다. 나는 그냥 나다.

■ 나를 찾아가는 여행

셀프 치유 미술치료 기법

• 빛과 그림자
  준비물: 크레파스 또는 파스텔, 4절 도화지 흰색, 검은색

① 나의 장점, 마음에 드는 부분, 긍정적인 부분에 대해 생각해 보고 이미지가 떠오르면 그림으로 표현해 본다.
② 나의 단점, 마음에 들지 않은 부분, 부정적인 부분에 대해 생각해 보고 이미지가 떠오르면 그림으로 표현해 본다.
③ 두 장의 그림을 벽에 붙이고 그림을 동시에 바라보며 연상되는 이미지를 떠올린다.
④ 눈을 감고 두 장의 그림을 통합하는 듯한 이미지를 떠올려 본다. 문득 떠오른 이미지나 색깔, 그리고 싶은 형태를 자유롭게 표현한다.
⑤ 완성된 그림을 먼저 그려 둔 두 장의 그림 옆에 붙인다.
⑥ 세 장의 그림을 천천히 바라본다. 자신의 양면을 인정하고 받아들이는 통찰을 경험한다.

인간은 누구나 그림자를 가지고 있다.
그 누구도 자신의 그림자로부터 자유로울 수 없다.

3

상실 앞에 서 있는 사람들

세상에는 직접 겪어 보지 않으면 아무리 노력해도 알 수 없는 것들이 있다. 상실을 맞이한 슬픔이다.

무라카미 하루키는 그의 소설에서 "우리는 그 슬픔을 실컷 슬퍼한 끝에 거기서 무엇인가를 배우는 길밖에 없으며, 그리고 그렇게 배운 무엇도 다음에 닥쳐오는 예기치 않은 슬픔에는 아무런 도움이 되지 못하는 것이다."라고 했다.

아무리 익숙해지려 해도 익숙해지지 않은 게 이별이다. 상실의 기억은 책갈피에 끼워 둔 사진을 발견한 것처럼 다시 선명하게 떠오른다.

가족의 죽음을 겪는 일은 세상이 무너지는 충격이고 고통이다. 아빠의 입관식을 치르던 날은 장마 끝에 긴 여름이 시작되는 한낮이었다. 더위를 집어삼킬 듯이 희뿌연 안갯속으로 아빠의 모습은 다시는 보이지 않았다. 가슴속에 꾹꾹 눌러 담은 서러운 눈물이 그제야 비처럼 쏟아졌다. 미안함과 고마움이 명치끝을 아프게 짓눌렀다. 병원에 더 자주 들르지 못한 걸 후회했고, 더 따뜻하게 안아 드리지 못한 걸 가슴에 묻었고, 사랑한다고 말하는 걸 아낀 것에 대해 참회했다. 그날 아빠와 나는 서럽게 이별했다. 한참을 부모 잃은 어린애처럼 헤매면서 살았다.

세상에 섞여 잠시 잊은 듯해도 혼자인 시간이 찾아오면 또다시 아빠를 사무치게 그리워했다. 아빠를 떠나보내던 길고 깊었던 초여름 밤의 냄새를 아직도 생생히 기억한다.

사랑하는 사람을 먼저 보내야 한다는 건 살아내야 하는 사람들의 몫이란 생각이 든다. 무조건 내 편을 들어 주던 사람, 내가 기대고 싶던 사람이 줄어든다는 것이 아닐까? 상실을 통해 사라져 가는 것들의 가치를 깨닫고 지금껏 소유했던 삶이 얼마나 귀했는지 절실히 느낄 때쯤 우리는 다시 상실 앞에 설 수 있다.

자신이 생존하는 날까지 상실의 시대에 살 수밖에 없는 것이다. 그러므로 우리는 누구나 사랑하는 사람과 이별을 맞이해야 한다. 그 시간이 나에게는 더디 와 주길 바라지만, 어느새 부고를 알리는 문자가 아프게 나를 붙잡는다.

얼마 전 가까운 지인의 어머니가 돌아가셨다는 부고를 받고 새벽을 달려 도착한 우리 일행에게 지인은 웃으며 반갑게 맞이해 주었다. 슬픔을 걱정하고 위로의 말을 전하려 했던 우리는 당황스러웠다. 지인은 어머님이 살아생전에 자신의 장례식에 찾아오는 모든 사람에게 반갑고 기쁘게 맞이하라고 하셨다고 했다. 먼 길 애써 찾아오시는 데 슬픈 얼굴 하지 말고 웃으면서 장례를 치르도록 약속하셨다니 어머님은 당신의 죽음을 미리 준비하셨다는 생각을 하게 되고, 죽음에 대한 자세를 다시 고민해 보는 시간이었다.

나도 예외의 경우가 아니라면 지인의 어머니처럼 죽음이 임박해 왔을 때 그분처럼 조급하지 않을 수 있을까. 그런 유언을 자녀들에게 부탁할 수 있는 너그러움으로 맞이할 수 있을까? 살아내야 하는 사람들의 몫에 조금이라도 가볍게 해 주고 싶은 열망이 생겼다.

최근 상실, 사별 애도에 대한 프로그램이 많아지고 있다. 같은 슬픔을 가진 분들로 집단을 구성하니 서로에게 더 위로된다. 부모님을 떠나보낸 어린 나이에 친척 어른이 "아빠, 좋은 데 가셨으니까 울지 마라."라고 위로하신다. 그래서 정말 울면 안 되는 줄 알고 흐르는 눈물을 삼키느라 피가 나도록 입술을 물어뜯었다는 어르신의 기억 한 편에서 우리는 함께 울었다.

누구도 상실 앞에서 온전해질 수 없다. 그러니 이젠 울어도 된다. 마음 놓고 펑펑 울어도 된다. 애도의 시간을 제대로 허용하지 못하면 병이 날 수밖에 없다. 충분히 아파하고 충분히 슬퍼해야 한다.

15살의 소년은 고양이를 키우고 있었다. 한참 사춘기에 접어들어 모든것이 불만투성이였다. 부모님도 친구들도 선생님도 싫었다. 이 소년의 마음을 알아주는 유일한 대상은 고양이 뿐이었다. 언제나 소년을 가만히 바라봐주는 고양이가 소년에겐 전부였다. 친구와 싸운날도 엄마에게 잔소리 들은날도 시험성적이 뚝 떨어진날에도 어디를 가든 늘 고양이와 함께 했다.

그러던 어느 날 소년의 고양이가 세상을 떠났다.

소년의 슬픔은 무엇으로도 채워지지 않았다. 힘겨운 시간을 소년은 외면하며 간신히 견뎌내고 있었다.

누군가를 떠나보내는 일은 대상이 사람이든 동물이든 결코 쉬운 일이 아니다. 힘없이 털썩 누워있는 고양이를 보며 어린 소년의 마음이 어떨까를 생각하면 가슴이 먹먹해진다. 이별을 대하는 사람의 마음이 다들 비슷하지 않을까? 준비 없는 이별을 맞은 마음이 오죽할까 싶다.

소년과 만나는 날 우리는 고양이와의 좋았던 추억을 찾아 나섰다. 그리고 그 기억을 글로 옮기는 작업을 했다. 소년의 파란색 노트가 빼곡히 채워질때 즈음 그는 새 친구를 맞이했다.

사랑하는 사람을 떠나보내고, 깊은 상실감의 늪에 빠질 때 우리는 허상을 만들어 내려고도 한다. 어느 장소에 아직도 그가 살아 있다고 믿는 것, 그를 닮은 대상에게 마음을 주는 것, 영원히 내 옆에서 그가 지켜줄 거라는 확신으로 모든 걸 차단하고 스스로 견뎌 보려고 몸부림을 친다. 하지만 자신을 옭아맨 그 가시로 주변 사람들에게 안타까움과 상처를 남기게 된다. 얼마의 시간이 흐른 뒤 자신을 걱정하고 기다리는 주변 사람들이 보이기 시작할 때 슬픔의 대상이 잘못되었음을 깨닫기도 한다. 누구에게나 슬픔을 받아들이는 건 참으로 어려운 일이지만, 우리는 각자 자신만의 방식으로 상실의 삶을 견뎌 내야 함을 알게 된다. 그리고 현실로 되돌아오기를 선택하는 순간, 우리는 이별에 좀 더 익숙해지는 자신을 발견할지도 모르겠다.

"넌 어떻게 한 번도 울지 않니?"

슬픔이 극에 달하면 울음이 나오지 않는다. 영화 속 엄마를 잃은 열여덟 살 딸에게 못된 이웃 아줌마의 막말이었다. 처절하게 몸부림치며 지금 상실 앞에 서 있는 사람들에게 슬픔을 만나 주는 시간을 허락하자.

지금 상실 앞에 서 있는 많은 분이 상실이 단지 무거운 주제만이 아닌 나의 삶 속에 연결되어 회복의 씨앗으로 다시 피어나기를 바라면서 빅터 플랭클의 대화를 소개한다.

> 2년 전에 부인과 사별한 후 우울증에 빠진 노 의사가
> 찾아왔다. 사랑하는 사람을 잃은 고독과 상실감으로
> 삶의 의미를 잃어버린 노 의사에게 프랭클이 묻는다.
> "만일 당신이 먼저 죽었다면 어떻게 되었을까요?"
> "안 됩니다. 아내는 이 고통을 감당할 수 없습니다."
> "그렇죠. 부인은 이 괴로움을 면하게 된 겁니다.
> 그 괴로움으로부터 부인을 구한 것은 바로 당신이에요."
> 노 의사는 프랭클의 손을 조용히 잡았다가 물러갔습니다.
> 사랑하는 사람들 간에는 먼저 죽은 쪽이 남은 고통을
> 지지 않으면 안됩니다. 살아남은 자는 먼저 간 자의
> 괴로움을 구해준 것입니다. 이렇게 '살아 있는 의미'를
> 자각시키는 것으로 치료에 이르는 게 의미치료입니다.[1]

---

1) 이시형 · 박상미, 2020, 《내 삶의 의미는 무엇인가, 특별한 서재》, p.p 71~72

■ 나를 찾아가는 여행

셀프 치유 미술치료 기법

• 치유 글쓰기 위로

(상실한 대상으로부터)

나에게 편지가 왔다.

그는 나에게 이렇게 말할 것이다.

_____

_____

_____

_____

_____

_____

_____

_____

_____

_____

_____

_____

4

질문을 유독 많이 하는 사람들

"이게 좋을까요? 저게 좋을까요?"

실존주의 철학자 장 폴 사르트르는 선택에 대해 이런 말을 했다.
"Life is Choice between Birth and Death."

우리의 인생은 태어날 때부터 죽을 때까지 선택의 연속이다. 오늘은 어떤 옷을 입을지, 누구를 만날지, 점심은 뭘 먹을지 하루에도 수없이 고민한다. 다양한 볼거리 넘쳐나는 정보들 사이에 선택의 폭은 넓어졌고 그중에서 무엇을 골라야 할지, 어떤 결정이 좋은지 점점 어려워지고 있다.

'사느냐? 죽느냐? 그것이 문제로다.' 결정적인 순간에서조차 설불리 결정을 내리기 힘들어하는 증상을 '햄릿 증후군Hamlet Syndrome'이라고 하는데 선택하지 못하는 우유부단함을 상징적으로 대변하는 햄릿의 행동 패턴에서 기인한 말이다. 즉 선택 장애 _{결정 장애}이다. 이러한 선택 장애인 햄릿 증후군 증상은 자신은 물론 가장 가까운 가족들 더 나아가 주변 사람들까지 힘들게 할 수 있다.

'햄릿 증후군'은 결정을 힘들어하는 현대인을 나타내는 말이다. 햄릿 증후군을 겪는 사람들이 많아지고 있고, 무엇을 결정하는 데 있어서 선택 장애 상황을 자주 겪는다고 어려움을 호소한다. 그렇다면 과연 나는 햄릿 증후군인지 아닌지 한 번 체크해 볼 필요가 있다. 먼저, 아래의 항목 중에서 해당하는 부분을 점검해 보자.

자기진단 테스트

1. TV 프로그램을 선택하지 못해서 채널을 반복적으로 돌린다.
2. 혼자서 쇼핑하지 못하고 같이 동행해 줄 친구가 필요하다.
3. 제대로 된 선택을 하지 못해서 일상생활에 피해가 간다거나 후회를 한다.
4. 식당 메뉴 선택을 섣불리 하지 못하고 무엇을 먹을지조차 결정하지 못한다.
5. 상대방의 질문에 대한 대답이 "글쎄", "아마도"라는 대답을 자주 한다.
6. 사소한 결정을 부탁하기 위해 지인에게 전화를 하거나 도움을 요청한다.
7. 누군가에 의해 선택을 강요받는 걸 싫어한다.

자기진단 체크난에 낮은 개수를 기록한 사람일수록 자신이 무엇을 선택해야 할지 정확하게 알고 자신의 주관에 따라 결정하는 사람이다. 반면 결과에서 보여 주듯이 어떤 것을 선택할 때도 자신만의 기준을 만드는 것이 아니라 남이 결정해 주기를 바라는 사람이다.

흔하게 듣는 말이 "선생님, 저는 선택 장애 같아요."라는 말이다. 그 사람의 말은 곧 태도로 연결된다. 특히 치료실 안에서 대면할 때는 더 자주 드러난다.

쉬운 예로 아이가 물고기를 그리고 색을 칠할 때도
"빨간색을 칠할까요? 파랑을 칠할까요?
"너는 어떤 색을 고르고 싶니?"
"모르겠어요."
"그래, 그럼 천천히 생각해 보자. 어떤 색깔의 옷을 입은 물고기
를 갖고 싶은지."

한참 후 아이는 알록달록 엄마 물고기와 푸른색 상어를 뽐내며 칠하고 있었다.

도화지에 밑그림을 그린 후 '물감이냐, 크레용이냐'를 놓고 고민하는 중학생 남자아이는

무엇이든 대신 결정해 줄 사람을 기대한다.
"너는 물감을 언제 사용하고 싶지?"
"풍경화 그릴 때요"
"오! 그렇구나. 이 밑그림 좀 설명해 주겠니?"
…… 중략 ……
"그럼 크레파스는 언제 쓰고 싶니?"
"동물 그릴 때요."
"그럼 오늘은 물감이랑 크레파스 중 어떤 거로 색칠해야 할까?"
"물감 쓸게요."
밑그림이 지난주 여행 갔던 설악산 풍경이었죠.

한 여학생은 교수님에게 시험 점수를 확인하러 가는데 "혼자 가야할까요? 친구랑 같이 가야 할까요?" 이런 선택의 순간까지도 스스로제대로 된 마음을 결정짓지 못해 전전긍긍하기도 한다.

"쇼핑을 아울렛으로 가야 할까요? 백화점으로 가야 할까요?"
40대 주부는 일상생활에서도 선택과 결정을 하는 데 애를 먹기도 한다.

"시부모님한테 일주일에 전화를 한 번 하는 게 나을까요? 두 번
하는 게 나을까요?"

결정 자체가 두렵고 스트레스인 경우다.

이런 불편함을 호소하는 내담자들의 원인을 찾다 보면 많은 경우의 수를 보게 되는데, 특히 자라면서 자신에게 선택권이 주어지지 않고 모든 걸 부모님이 해 주었기 때문에 자신이 결정할 일이 하나도 없었다는 예는 매우 흔한 사례로 접한다. 직장인이 되었음에도 여전히 엄마가 준비한 옷을 입고 출근한다는 친구들도 허다하다. 무슨 일이든 부모의 선택과 결정에 의존해 유년기를 보낸 경우이다. 당연히 수동적인 개인 성향으로 성장하면서 더 두드러진다.

"이게 나아요? 저게 나아요?"

우선 묻고 본다. 자신의 선택에 누가 대신 결정해 주길 바란다. 그래서 유독 질문이 많을 수밖에 없다. 스스로 결정하는 것에 자신이 없다. 매번 다른 사람의 결정이 자신의 결정이라고 믿게 된다.

결정하는 데 시간이 조금 걸리더라도 스스로 해 보는 연습이 필요하다. 예를 들어 점심 메뉴를 선택할 때 '오늘은 고춧가루 들어간 음식은 빼기', 가방을 고를 때는 '가죽 아닌 천으로 된 거 고르기'라든가, 데이트할 때 무슨 옷을 입을까? 결정할 때는 '상의는 흰색 하의는 블랙' 이런 자신만의 기준을 정해 두는 거다. 선택할 폭을 좁히면 결정하기가 훨씬 쉬워진다.

과도한 스마트폰과 인터넷 정보의 홍수 속에 자신도 모르게 우유부단한 성향이 일상적인 수준을 넘어선다. 너무 많은 정보는 오히려 독이 된다.

따라서 결정 장애를 극복하기 위해서는 자신의 결정에 왜 자신이 없는지 스스로 대답해 보자. 어떤 결정을 내릴 때마다 불안했고 그 결정을 내린 자신을 믿지 못했다면 뭐 어떤가? 지금부터 아주 작은 결정부터 도망치지 말고 해 보자. 스스로 '난 결정 장애야, 선택 장애야' 하는 말은 지나가다 쓰레기통에 던져 버리자. 살면서 한 가지 선택만으로 인생이 결정되는 것은 아니기 때문이다. 자신에게 좀 더 솔직하게 대하자. 아이는 아이의 인생을 살아야 하고, 어른은 어른의 인생을 살아야 한다. 누구를 대신해 살아 주지 말아야 한다. 내 밥그릇에 있는 밥은 내 것이다.

〈부록〉

■ 나를 찾아가는 여행

셀프 치유 미술치료 기법

• 자신의 나무 그리기

　준비물: 종이와 드로잉 재료 연필이나 색연필, 물감 등 자신에게 편한 것

실시 방법

① 나무를 떠올려 봅니다. 자신이 나무라면 어떤 나무일까요?
② 떠오르는 이미지, 평소 마음이 가는 나무가 있다면 그 나무를
　그려 주세요.
③ 가능한 뿌리, 기둥, 가지, 잎을 갖춘 나무면 좋습니다.
④ 그리기 작업 시간을 정하고 타임아웃이 되면 마무리합니다. 20분
　혹은 30분
⑤ 다음 시간에 채워 나갑니다.
　그려 가는 과정에서 변화하는 자신의 나무를 봅니다. 반복 작업
⑥ 자신이 선택한 오직 자신의 나무입니다.

나의 나무를 만나 구체적인 질문을 통해 스스로 답을 찾도록 돕는다.
왜 이 나무인가?

5

종결이 어려운 사람들

"만남에는 반드시 헤어짐이 있다." 회자정리會者定離라는 고사성어는 부처님이 열반涅槃에 드실 때 제자에게 한 말에서 유래되었다.

부처의 열반涅槃이 다가오자 제자 아난자가 슬퍼했다. 부처가 아난자를 위로했다. "인연으로 맺어진 이 세상 모든 것은 덧없음으로 귀결되니, 은혜와 사랑으로 모인 것이라도 언젠가는 반드시 헤어지기 마련이다. 이 세상 모든 것이 그렇거늘 어찌 슬퍼하고 근심만 하랴."

'만남에는 반드시 헤어짐이 있다'라는 뜻으로 인연의 무상함을 이르는 말이다.

헤어짐은 늘 어렵다. 특히 남녀 간의 이별은 아프고 매서운 한겨울의 한파처럼 온몸을 파고든다. 청춘이 아니어도 한 번쯤 겪어 본 시련은 그만큼 아프고 힘들다. 우리 인생에는 수없이 많은 만남과 이별 또한 끊임없이 반복된다. 이별 없는 인생이 없고, 이별이 없는 만남은 없다. 살면서 누구를 만나는 것도 헤어지는 것도 잘해야 한다.

- 〈지금 헤어지는 중입니다〉
- 〈헤어질 결심〉

이처럼 드라마나 영화의 제목처럼 헤어진다는 건 그만큼 준비가 필요하다는 이야기일 거란 생각이 든다.

종종 커플들은 "우리 아직 헤어지지 못했어요."라는 고민을 가지고 온다. 헤어질 시기를 놓쳐서, 이 사람 아니면 더 나은 사람을 못 만날까 봐, 서로 눈치만 보다가, 섹스가 편해져서, 이별이 두려워서 등 이유도 다양하다.

사랑하지 않으면서 이대로 상대방과 관계를 지속할 수 있는가? 질문해 본다. 오랜 연인일수록 사랑했던 사람과의 관계를 정리하는 것은 더 어렵다. 서로에게 충분한 가치를 가지고 있느냐 없느냐. 여러 가지 노력을 했지만, 또다시 아무것도 변한 게 없다면 상실의 두려움에 서로를 포기하지 않으려는 습관 때문이다. 감정적으로 의존 관계에서 벗어나야 한다. 이별은 어렵지만 먼저 이별을 말하는 용기를 갖는 것이 서로를 위해 건강한 선택이 될 수도 있다. 헤어짐은 다시 만남이라는 당연한 진리를 우리는 이미 알고 있기 때문이다. 잘 헤어지는 사람이 되자. 세상의 반은 여자이고 반은 남자이다.

사랑하는 사람과의 관계에서뿐만 아니라 어떤 대상이나 일, 그 밖의 다른 상황에서도 마찬가지이다. 종결이 어려운 사람들은 마음속에서 불안을 미리 예고한다.

"아직 준비가 안 됐어요."

"내일은 어떡하죠?"

"저를 잊으시면 안 돼요."

불안이 자신을 지배하면 종결은 당연히 어려워진다. '나는 아직 이예요.'라고 스스로 최면을 걸기 때문이다. 버려질 것만 같은 두려움, 혼자서 잘 해낼 수 없을 것 같다는 불안감이다.

지금 당장 세상이 끝날 것 같아도 내일이면 또 내일의 태양이 뜬다는 걸 잊지 않으면 된다.

상담 세션에도 시작과 끝이 있다. 종결이 있게 마련이다. 아무리 상담이 좋고 상담사가 마음에 들어도 무한정 상담을 지속할 수는 없다. 어떤 내담자들은 자신의 문제가 해결되면 상담자와 더 만나지 못할 수 있다고 생각해 스스로 회복을 방해하고 종결을 미루려고도 한다. 사실 헤어짐은 여러 가지 고통스럽고 괴로운 감정들이 뒤따르기 마련이다. 슬프고, 당혹스럽고, 공허함이 밀려올 수 있다. 내담자가 지나치게 의존적이어서 상담자에게 강한 애착을 느끼는 내담자라면 상담자가 상담 종결 이야기를 꺼내게 될 때 분리불안과 함께 상담자에게 거절당하는 듯한 기분을 느낄 수 있다. 분리를 거부하는 내담자의 이런 감정은 상담 기간이 길면 길수록 더 커질 수도 있다. 내담자의 요구에 맞추어 계속 상담을 진행하다 보면, 내담자의 의존적인 성향을 더 강화하게 된다. 이런 행동은 가능한 한 상담사는 피해야 한다.

상담 예후가 좋을 때도, 또 그렇지 않을 때도 종결에는 늘 아쉬움이 남게 된다. 상담 관계도 우리가 살아가는 인간관계의 축소판이기 때문이다. 그러므로 상담자나 내담자에게 종결은 어려운 시간임이 틀림없다. 미리 준비되고 계획된 종결이어도 마찬가지다. 특히 의존적인 내담자의 경우에 분리불안이 매우 클 수 있다. 앞으로 자신이 의사 결정을 해야 한다는 사실에 불안을 더 느낀다. 이런 내담자는 상담자에게 더 의존하려고 하고, 그렇게 함으로써 의사 결정에 대한 책임과 결과에 대한 불안감을 벗어 보려고 한다.

이때 상담자는 종결 시에 따르는 여러 가지 감정들을 안전하게 다루는 작업을 거쳐 주어야 한다. 미술치료에서는 헤어지는 것에 대해 아쉬움을 마음껏 표현할 수 있도록 찰흙이라는 매체를 활용하기도 한다. 주무르고 두드리고 바닥에 치대면서 불안을 마음껏 발산하도록 도와준다. 또 지금까지 안전 기지를 떠나 버림받는 느낌이 든다면 버럭 화를 내 보기도 하고 큰소리로 울부짖게도 한다.

만나고 헤어지는 감정들은 누구나 힘겹지만 자연스러운 것이다. 이런 경험은 더 건강하게 종결하도록 도울 수 있고, 내담자 스스로 설 수 있는 힘을 찾게 된다. 내담자가 스스로 알아가고, 느껴가고, 변화해 갈 수 있도록 길을 터 주는 일이다. 결국 스스로 할 수 있을 때까지 기다려 주는 것이 종결을 맞이할 수 있다는 걸 깨닫는다.

상담자로서 나의 역사를 되돌아본다. 마음 구석구석 삶 곳곳에 내담자들이 있었다. 시행착오 속에 서투르고 모난 성격을 깎고 다듬어

둥글게 만들어 주었고, 그들 편에 설 거라고 불같이 화를 낼 땐 말없이 미소로 나의 조바심을 가라앉게 해 주었다. 앞서는 내게 오히려 괜찮다고 손잡아 주고 먼저 자리를 내준 나의 스승들이다. 해결책을 찾으며 고심했던 모습은 서로에게 큰 힘이 되리라 믿는다. 여전히 상담자의 길로 인도하는 수많은 내담자에게 그저 감사할 뿐이다.

〈부록〉

■ 나를 찾아가는 여행

셀프 치유 미술치료 기법

• 몸으로 표현하기
  준비물: 점토 _{조소용이나 도예용}, 화판, 물휴지

① 점토를 한 움큼 떼어내 눈을 감고 손을 통해 감각을 느껴 본다.
② 그 느낌에 따라 손이 움직이는 대로 따라가 본다.
③ 눈을 떠 만들어진 형태를 바라보고 응시한다.
④ 내가 느낀 것을 손을 통해 완전한 형태로 다시 표현한다.
⑤ 완성 후 내 작품에 어울리는 이름을 명명한다.
⑥ 자신이 만들고 자신이 완성해 낸 작품을 스스로 재해석한다.

작업 후 마음의 변화와 새롭게 알게 된 걸 나눈다.

6

어른이 되기를 미루는 사람들

　우리가 사랑한 화가들 중에는 단연코 빈센트 반 고흐를 뽑는 사람들이 많다. 물론 나도 여기에 해당한다. 평소 기록이나 일기 같은 형식에 매력을 느껴 오던 내게 고흐가 동생 테오에게 보낸 편지들은 어둠 속의 빛으로 다가왔다. 화가의 내면을 고흐의 그림으로 다시 본다.

　　"우리에게 뭔가 시도할 용기가 없다면 삶이 도대체 무슨
　　의미가 있겠니?"[2]

　고흐의 절규하듯 내뱉은 이 말은 어떤 상황에 놓여도 희망을 버리지 말라는 메세지로 들린다. 아무리 혹독한 날씨도 결국엔 얼음이 녹아 풀리는 해빙기를 맞게 되고 우리 인생도 희망을 품는다면 충분히 견뎌낼 수 있음을 암시해준다.생각해볼 때, 상황이 좋아질 수도 있다는 희망을 품게 된다.

---

2) 빈센트 반 고흐 저 · 신성림 편, 2017, 《반 고흐, 영혼의 편지》, 위즈덤하우스, p.44

130여 년 전 빈곤한 청년 예술인 고흐의 예술과 삶에 대한 고민을 엿보게 된다. 그가 남긴 편지를 읽다 보면 불행해도, 나아지지 않는 상황에서도, 고흐는 삶 속에서 희망을 품고 있다. 평생 고흐에게 버팀목이고 후원자였던 동생 테오와의 끈끈한 그 관계성을 어디에서든 볼 수 있다. 그리고 그는 테오를 향한 미안한 마음을 자신이 그림을 계속해서 그려야 하는 이유와 설득으로 표현한다.

37년의 짧은 삶을 살다간 화가 빈센트 반 고흐는 화가로서 작품 활동을 한 시기는 10년밖에 되지 않는다. 이 짧은 기간 동안 2,000여 점의 작품을 남겼다. 3일에 한 장씩 그림을 그려 낸 셈이다. 고흐가 남긴 40여 점의 자화상은 모델을 구하지 못해 거울을 보며 그려 낸 자신의 얼굴이다. 의욕적으로 일하려면 실수를 두려워해서는 안 된다. 사람들은 흔히 잘못을 저지르지 않으면 훌륭하게 될 거라고 생각한다. 하지만 그건 착각이다.

고흐가 '실수를 두려워하지 말라'는 말을 할 때까지 그가 경험한 무수히 많은 실수를 떠올려 본다. 아마도 고흐는 자신의 실수를 '실패나 실수'로 받아들이지 않고, 그림을 향한 열정 가운데 경험한 일로 생각했을지도 모른다. 누가 알아주지 않아도 스스로 자신의 그림이 아름답고 가치 있다고 확신했기에 가능한 일이다. 때론 실수도 하고, 크고 작은 실패도 하겠지만 말이다. 우리는 많은 실수를 하면서 배운다. 처음 시작할 때 수많은 실수를 저지르다가 그 횟수가 점점 줄어들면서 능숙해지고 실력 또한 나아진다.

우리나라 전통 민속놀이 중에 투호 화살 던지기가 있다. 넓은 마당이나 대청마루에 큰 항아리를 놓고 그 속에 화살을 던져 넣는 놀이이다. 당연히 많이 들어가는 사람이 이긴다. 화살을 던져 항아리에 들어갈 확률을 높게 하려면 어떻게 해야 할까? 아주 단순하다. 던지고 또 던지고 던져야 한다. 바로 연습이다. 다트 놀이도 마찬가지다. 많이 연습해 본 사람이 적중 확률이 높다. 아무리 던지기 선수라도 이것쯤이야 한다면 실패하기 마련이다. 흐트러진 마음을 바르게 가다듬어 던져야 한다. 연습 없이 이루어지는 것은 세상에 존재하지 않는다. 무엇을 시작한다는 건 누구에게나 도전이다. 실수할까 봐서, 안되면 어떡하나 혹은 창피당하면 어쩌지 하며 시작하기도 전에 미리 겁을 낸다.

미술치료에서 그림 검사 중에 KFD라는 동적 가족화 검사kinetic family drawing가 있다. 실시 방법은 아래 지시문과 같다.

> "당신을 포함해서 당신의 가족 모두가 무엇인가를 하고
> 있는 그림을 그려 보세요. 만화나 막대기 같은 사람이
> 아닌 완전한 사람을 그려 주세요. 무엇이든 어떠한
> 행위를 하고 있는 그림을 그려 주세요."

무엇을 그리든지 자유롭게 그리도록 하는 검사이다. 이때 "저는 그림을 못 그리는데요. 못 그리겠어요. 그림에 자신 없어요. 안 그릴래요. 다른 거 그릴래요."라고 말하는 사람들이 있다. 물론 안 그려도

되고, 다른 매체를 이용할 수도 있다. 하지만 어떻게 하면 이 내담자를 도울 수 있을까? 고심해 본다. 무조건 "못해요"를 먼저 외치는 이들에게 그림을 그려야 한다는 미션은 누구에게나 어렵다. 특히 성인일 때 더욱 이런 질문을 많이 받는다.

우리의 그림 실력은 초등학교 3, 4학년 수준에 머물러 있는 게 일반적이다. 학교에서 주어진 미술 시간이 그 이후엔 길지 않기 때문이다. 미술이 좋아 취미나 진학을 위해 하지 않는 한 우리들의 그림 실력은 다 거기서 거기다. 그러니 서둘러 마음의 해빙기를 맞이하기를 바란다. 자신만이 아니라 다른 이도 똑같이 먼저 회피하려는 마음이 들기 때문이다.

잘 그리고 못 그리는 걸 보려는 것이 아니다. 그림으로 부족하면 설명을 덧붙여도 된다. 그러니 한 번 그려 보도록 한다. 표현할 수 있는 만큼만 해 보자고 한다. 그런데 그림을 못 그린다고 시도조차 안 하려 하던 내담자들이 대부분 얼마든지 스스로 그려 내는 걸 목격하게 된다. 보세요! 당신은 충분히 원하는 것을 그려 내고 완성할 수 있는 사람이에요.

빵을 처음 굽다가 모양이 망가지고 까맣게 태울 수도 있다. 그렇다고 세상이 무너지지 않는다. 다시 굽고 망하면서 요령을 터득하게 된다. 그런 후에 보기 좋고 맛있는 빵을 구워낼 수 있다. 아르바이트를 식당에서 처음 해 본 여학생은 접시를 깨고 손님에게 음식을 바꿔 주는 해프닝을 몇 번 경험했다. 처음엔 창피하고 부끄러워 때려치울까 고민하다가 마음을 다시 먹었다고 한다. '뭐 실수 좀 하면 어때? 다음

번엔 조심하자'로 생각을 바꾸고 나서 현재 매우 노련한 아르바이트 생이라며 즐거워한다.

학교 연극 동아리에서 곧 무대에 올릴 공연을 위해 연습이 한창이었다. 주인공은 대사를 틀릴까 봐 걱정되어 악몽에 시달린다고 했다. 주인공이라고 다 완벽할 수 없다. 대사를 틀릴 수도 있는 거다. 또 틀렸다 한들 객석에서 누가 지적하지 않는다. 아마 전혀 눈치 채지 못할 수도 있다. 대사 한 번 틀렸다고 무슨 큰일이 벌어지진 않는다는 걸 실수하면서 터득하면 되는 거다.

흔히 머뭇거리기를 습관처럼 하는 사람들이 있다. 일상에서도 마찬가지다. '머뭇거리다'의 사전적 의미를 살펴보면 '말이나 행동 따위를 선뜻 결단하여 행하지 못하고 자꾸 망설이다'라는 뜻이다. "머뭇거리다 보니 병원에 와 누워 있더라." 어느 환자는 자신의 건강을 돌보는 일은 매번 미루고 다른 사람의 일에만 우선이었다며 늦은 후회를 한다. 그러니 지금 머뭇거리기를 멈추고 실행해 보자. 성공한 사람은 매번 올바른 선택만 한다고 생각하세요? 많은 사람이 의사 결정을 할 때 두려운 건 누구나 마찬가지다. 그 이유는 내가 틀린 선택을 할까 봐 두려운 거다.

미국 농구 선수 스테판 커리는 현 NBA 최고의 인기 스타이자 실력자이다. 그는 농구 선수로는 작은 키를 가졌음에도 역대 유일한 만장일치 MVP15~16시즌, 통산 3점 슛 성공 1위이다. 4번이나 NBA 파이

널 MVP로 선정되면서 역대 최고의 농구 선수 중 한 명임을 입증했다. 3점 슛은 원래 평균적으로 NBA에서 통상 30% 성공하면 잘하는 거라고 한다. 그런데 스테판커리는 3점 슛 성공률이 43.6%다. 세 개 던지면 무조건 하나 이상 들어간다는 거다. 하지만 그도 1~2개는 노골이 된다. 1위의 비결은 무조건 던지는 것이었다. 스테판 커리는 엄청난 연습량과 멘탈 관리로도 유명하다. 그는 '멘탈은 성공과 실패를 좌우하는 가장 큰 요소'라고 했다. "제 생각에 성공과 실패를 좌우하는 가장 큰 요소는 멘탈 상태예요." 그는 기회가 나도 던지고, 기회가 안 나도 던지고, 앞에 사람이 서 있어도 무조건 던지고 본다. 3개 중에 2골은 안 들어간다고 해도 포기하지 않았고, 그럼에도 계속 던졌기 때문에 들어갈 수 있는 확률이 높아졌고, 세계에서 제일 잘 던지는 사람이 되었다.

누구든 매번 옳은 선택을 할 수는 없다. 하지만 시도를 많이 하면 할수록 들어갈 수 있다. 우리도 계속 던지고 그냥 던지자. 계속 시도하고 실패해 보자는 말이다. 하루에 3가지 정도를 매일 매일 시도해 보자. 그러면 더 많은 기회가 우리에게 생겨날 수 있다. 부족한 사람이 좀 더 나은 어른이 되어 가는 과정임엔 틀림없다.

"죽어도 좋을 일만 내일로 미뤄라."

– 파블로 피카소 –

〈부록〉

■ 나를 찾아가는 여행

셀프 치유 미술치료 기법

• 미래의 나는 어떤 모습일까요? 목표 시각화

　준비물: 8절 도화지, 크레파스, 파스텔

① 3년 후 나의 모습 그리기

② 5년 후 나의 모습 그리기

③ 두 장의 그림을 그린 후 이야기 나누기

인물상이거나 이미지여도 무방하다.

7

걱정을 지고 사는 사람들

    다산 정약용 선생의 〈가난한 근심〉 글에서 그는 사람들이 부질없는 근심이 많은 것에 대해서 이렇게 말한다. "걱정해야 할 것은 걱정 안 하고 부질없는 이유들을 좇아 삶이 바쁘니 사람 되기 틀렸다." 즉 사람들은 이익을 좇아 부지런히 내달리느라 정신이 고달프지만 다 부질없는 일이라는 것이다. 그런데 또 걱정해야 할 자기 정신을 기르는 일은 정작 걱정하지 않는다고 강조했다.

    부질없는 근심이 많은 것은 예나 지금이나 다를 게 없는 모양이다. 정약용 선생이 이 글을 쓴 지도 200년이 넘었지만, 여전히 우리는 걱정을 지고 살고, 걱정 때문에 괴로워하고, 일어나지도 않은 일에 걱정하느라 시간을 허비하고 있다. 부질없는 걱정에 대한 일화에서 교훈을 얻어 보자.

    이 이야기는 투자를 권유받은 농부의 이야기다. 그리스의 한 농부에게 한 사업가가 투자를 하면 회사를 세우고 부자가 될 수 있다고 말했다. 농부는 부자가 되면 뭘 할 수 있냐고 물었다. 그에 사업가는 이렇게 그리스에서 휴가를 보낼 수 있다고 대답했다. 농부는 그 말을 듣자 피식 웃었다. 자기는 이미 휴가를 보내고 있는데 왜 그런 번거로운 일을 하냐고 말이다. 농부의 말은 굳이 번거롭고 불필요한 일에 왜 끼어들어야 하는가를 안다는 것이다. 투자는 사업가가 원하는 거지 농부가 원하는 것이 아니라는 것이 핵심이다.

사람들이 부질없는 걱정에 시달리는 첫 번째 이유는 자기가 뭘 원하는지를 잊어버려서이다. 우리는 자기가 원하는 것을 생각보다 쉽게 잊어버리기도 한다.

평소 성격도 좋고 이웃과도 잘 지낸다는 40대의 주부는 걱정이 가득한 얼굴이었다. 이유인즉, 평소 좋아하는 남자 가수가 최근에 스캔들에 휘말렸다고 한다. 그 가수의 걱정 때문에 잠도 못 자고 좋지 않은 일이 일어날까 봐 걱정되어 아무 일도 못 하겠다는 것이 이유였다. 가수를 좋아하는 팬으로서 당연히 걱정하는 마음은 이해가 간다. 그런데 그런 이유 때문에 자신의 일상까지 큰 타격을 받는다면 과연 그 걱정이 옳은 일인가? 차라리 걱정 대신 진정한 팬으로 그를 믿고 응원하며 기다려 주는 것이 팬심이 아닐까? 끊임없이 걱정하는 이런 사람들은 걱정을 많이 하는 게 또 걱정인데, 굳이 걱정할 필요 없는 사소한 일부터 시작해서 아무리 걱정해 봤자 해결될 리 없는 일까지 계속해서 걱정하는 게 주된 특징이라고 볼 수 있다.

세상을 살아가는 데 걱정이 없는 사람은 없다. 우리는 저마다 하는 걱정이 다를 뿐 누구나 걱정을 안고 살아가기 마련이다. 하지만 그 걱정이 문제를 해결해 줄 수 있는 것인지 아니면 내가 걱정한다고 한들 문제는 해결되지 않는 것인지 알아야 한다. 걱정함으로써 우리가 염려하는 문제가 해결될 수 있다면 그것은 쓸데없는 걱정이 아니기 때문이다.

한마디로 말하기는 어렵지만 "가장 쓸데없는 걱정이 연예인 걱정이다."라는 말은 대한민국에서 나도는 유행어가 되어 있다. 간단하게 말하면, 연예인처럼 잘나가는 사람들 걱정할 시간에 네 인생이나 걱정하라는 뜻이다.

즉 우리는 자꾸 자신의 이유에 집중하지 못하고 남의 이유에 휘둘린다. 누구는 왜 그럴까, 저러면 안 되는 건데, 내 일이 아니고 남의 일에 휘둘리는 순간 걱정은 시작된다. 평소 안테나를 밖이 아닌 안쪽으로 세우려는 노력이 필요하다. 다른 사람이 나를 어떻게 생각하는지 고민하는 게 아니라 먼저 나 자신에게 시선을 돌리는 것이 우선임을 잊지 말아야 한다.

아무 필요도 없는 성공을 위해 너무 많은 일을 하고 애쓰며 살고, 비교할 필요가 없는 것들을 어느 곳에서든 무엇이든 수없이 비교한다. 그러니 근심이 멈출 수가 없다. 이미 휴가를 즐긴다고 말하는 그리스 농부의 이야기는 바로 부질없는 근심을 하지 않겠다는 명확한 의지를 볼 수 있는 이야기라는 생각이 든다. 웃을 수 있는 농부의 여유를 닮고 싶다.

사람들이 부질없는 걱정에 시달리는 두 번째 이유는 자기에 대한 믿음이 없어서이다. "내가 해낼 수 있을까? 혹시 실수하면 어쩌지. 그러니 하지 않는 게 나을 거야." 스스로를 믿지 못하고 자신의 행동을 미리 결정하려고 한다. 현재의 내가 미래의 나를 믿지 못하기 때문이다.

한 치 앞도 모르는 게 인생이라는데, 우리는 내일 당장 무슨 일이 일어날지 아무도 모른다. 하물며 온갖 걱정을 다 끌어안고 간다면 얼마나 무의미한 일인가. 지금까지 사는 동안 어느 것 하나 예상하고 일어났던 일은 없었다. 나에 대한 믿음이 없었다면 지금의 나도 없었을 것이다. 그러니 나 자신을 먼저 믿고 미리 부질없는 걱정에 시간을 낭비할 필요가 없다. 몸에도 이롭지 않은 일들의 속박에서 벗어나 보자.

심리학자 어니 젤린스키 Ernie J. Zelinski는 그의 책 《모르고 사는 즐거움》[3]에서 "우리가 고민하고 있는 걱정거리의 40%는 절대 현실에서 일어나지 않는다. 걱정거리의 30%는 이미 일어난 것들이며, 22%는 사소한 것들이다. 또한, 4%는 우리의 능력으로는 어쩔 수 없는 것들이다. 겨우 4%만 우리가 대처할 수 있는 걱정거리이다"라고 말했다. 즉 96%의 걱정거리가 허구의 생각으로 부질없다는 의미겠지요.
아이가 대학에 못 들어가면 어쩌지? 그러니 지금부터 많은 정보를 알아내야 하나? 언뜻 들으면 합리적으로 보이는 이런 걱정들은 우리로 하여금 쓸데없이 고민하는 시간을 만들고, 자녀에게 과한 스트레

---

3) Ernie J. Zelinski, 1999, Don't Hurry, Be Happy, Prima Pub

스를 주게 만든다. 그리고 그런 조바심은 불안을 만들어 낸다. 그러니까 수없이 많은 걱정을 하는 사람은 수없이 많은 불안을 불러들이는 셈이다.

성철 스님은 생전에 걱정에 대하여 다음과 같은 말을 남겼다.

"다들 너무 걱정하지 마라.
걱정할 거면 딱 두 가지만 걱정해라.
지금 아픈가? 안 아픈가? 안 아프면 걱정하지 말고,
아프면 두 가지만 걱정해라.
나을 병인가? 안 나을 병인가? 나을 병이면 걱정하지
말고, 안 나을 병이면 두 가지만 걱정해라.
죽을병인가? 안 죽을병인가? 안 죽을병이면 걱정하지
말고 죽을병이면 두 가지만 걱정해라.
천국에 갈 거 같은가? 지옥에 갈 거 같은가?
천국에 갈 거 같으면 걱정하지 말고, 지옥에 갈 거 같으면…
지옥 갈 사람이 무슨 걱정이냐?"

성철 스님의 말씀에 경직된 어깨가 슬그머니 자리를 잡는다. 이제 짐 좀 내려놓도록 하자.

<부록>

■ 나를 찾아가는 여행

셀프 치유 미술치료 기법

• 머릿속 비우기
  준비물: 크레파스, 파스텔, 4절 도화지, 가위, 풀

① 도화지에 둥근 원을 그린다.
② 조용한 기분으로 앉아 자기 안에 있는 마음속 걱정을 찾아본다.
③ 그 걱정을 찾았다면 가짓수에 상관없이 원 속에 자유롭게 그린
   다.
④ 그린 후 걱정 그림을 천천히 응시해 본다. 그중에 당장 걱정해
   야 할 것이 무엇인가?
   아무것도 없을 수 있고 있을 수 있다.
⑤ 있다면 남겨두고 없다면 파스텔로 모든 걱정 그림을 칠하고 손
   으로 문지른다.
⑥ 지우는 작업을 통해 머릿속을 비운다.

작업이 끝난 후 내가 지금까지 껴안고 놓지 못하는 걱정은 어떻게
변화했나요?

8

내가 아픈 만큼
그도 아팠다는 걸 알았다

"상처가 체질인가 봐요."

상처가 체질인 사람이 어디 있겠는가? 어느 누구라도 상처는 아프
고 힘들다. 가능하면 주고받지 않는 것이 최상이겠지만, 인간관계라
는 것이 참으로 알 수 없다. 크고 작던 마음에 스크래치를 짙게 남겨
놓기 일쑤다. 하지만 상처가 체질이라고 위안을 삼으며 버티다 보면
억울함이 스멀스멀 올라온다. 왜 나만 상처받아야 하는가? 의문이
들기 시작하기 때문이다.

"네가 뭔데 나한테 헤어지자 그래."
"나는 이렇게 아픈데 그는 밥도 잘 먹고 나 같은 거 안중에도 없

다는 생각이 들어요."

"저만 상처받았다는 생각에 서러워요."

"가슴이 터질 듯 쓰리고 아파요."

"그는 나를 생각이나 할까요?"

"난 널 이만큼이나 생각했는데, 너에게 난 아무것도 아니었구나."

심리학자 존 그레이는 실연을, 사고를 당해 다리를 다친 단계로 비유했다. 뼈가 부러졌을 때 말할 수 없는 아픔과 고통이 따르지만 결국 시간이 지나면 뼈는 저절로 아물고 부러지기 전보다 더 튼튼해진다고 한다. 우리 몸은 선천적으로 치유의 능력인 명의를 가지고 있기 때문이다. 뼈가 아물면 아픔과 고통은 사라진다. 마음의 실연도 다리를 다친 후 다시 회복하여 돌아오는 과정처럼 충분한 재활의 시간이 필요하다. 참지 말고 아프면 아프다고 소리도 지르고, 원망도 하고, 화가 나면 욕도 하고 마음껏 감정을 발산해야 한다. 실연을 잘 극복하면 오히려 더 나은 '나'로 성장할 수 있을 것이다. 다리가 아물 듯이 마음도 단단해질 것이다. 인생길에서 만난 우리의 인연으로 잘 보내 주고 잘 헤어지자. 시절 인연으로 사랑했으니 그걸로 충분하다. 서로에게 연연하지 않기를 바란다. 그러니 실연이 아픈 건 정상이다.

"애야,

그냥 사랑이란다.

사랑은 원래 달고 쓰라리고 떨리고 화끈거리는

봄밤의 꿈 같은 것.

...

소나기처럼 꽃잎이 다 떨어지고 나면,
삼 일쯤 밥을 삼킬 수도 없겠지.

...

하지만 얘야
감기처럼 앓고 지나가야 비로소 풍경이 된단다.
그곳에서 니가 걸어나올 수 있단다."[4]

- 〈딸에게 미리 쓰는 실연에 대처하는 방식〉 -

꽃이 필 땐 그 아름다움에 빠져 오로지 꽃만 보게 된다. 하지만 화려한 꽃들의 잔치가 끝난 후 깊게 파인 나무의 얼룩진 상흔들이 그제야 눈에 들어온다. 무엇 하나 쉽게 이루어지는 법은 없다. 꽃을 피워 내기 위해 나무 여기저기 할퀴고 꺾인 가지의 흔적들이 보인다. 계절의 주인공을 향해 자신을 기꺼이 양보한다. 주연도 조연도 그들만의 빛으로 불꽃을 낸다. 바스락바스락 다시 가을 소리가 깔리며 불꽃은 순환한다. 좋을 땐 좋은 걸 모른다. 사랑을 받을 때는 당연하기에 그것이 좋은 것인지 알지 못한다. 다른 걸 볼 수가 없다. 누리는 모든

---

4) 서영아 · 김중만, 2005, 《네이키드 소울: 꽃의 사진과 여자에 관한 매혹적인 기록》, 김영사,
   p. 37

Chapter 3. 불편한 내담자와 그림 속에서 만나다

것들이 자신의 색깔인 양 착각하게 만든다. 좋은 시절이 영원하면 얼마나 좋을까. 꽃이 지듯이, 계절이 바뀌듯 어느덧 호시절도 지나간다. 그 색이 바랠 즈음 이별을 뒤늦게 알아차린 우리는 때때로 바보처럼 사는 면이 있다. 사랑을 할 때 사랑을 모르고, 이별을 할 때는 이별이 얼마나 큰 것인지를 모른다.

함께했던 그 시간엔 가장 친한 친구였고 가장 많은 시간을 공유했으리라. 지나온 시간이 현재의 나도 그도 있게 했고 상처로 더 아플 수도 더 단단해질 수도 있으리라. 꺼내고 싶지 않은 시간의 저편 끝자락도 있을 것이고, 서로의 마음이 흘러갔던 그곳에 머물게 하기도 할 것이다. 추억하는 날만큼 새겨진 그의 발자국을 떼어내는 일이 어디 그렇게 쉬운 일이겠는가.

"그 사람은 잘 있을까요?"

그리움이 묻어 있다는 의미일 것이다. 그와 함께한 순간들이 아름다운 삶이었다는 걸 시간이 흐르면서 그 나름의 지혜로운 해답을 찾아갈 것이라고 믿는다.

요 며칠 날씨는 종잡을 수 없이 변덕이 심했다. 낮엔 한여름보다 더 뜨겁고 저녁엔 스산한 바람이 몸을 움츠리게 한다. 예측할 수 없는 건 날씨만이 아니고 사람의 마음도 마찬가지인 듯하다. 사람은 살면서 뜻하지 않게 마주해야 하는 것들이 있다. 남녀가 만나 부부의 인연으로 맺어지면 배우자의 가족 또한 우리 가족이라는 울타리를 갖게 된다. 사람과 맺는 관계가 가장 어렵다고 하지 않았나. 서로의 감정이 다르고 그 깊이를 가늠하기 가장 어렵다는 것일 거다. 그래서 상대의 감정 깊이를 이해하지 못하고 불쑥 내뱉는 말들이 서로에게 커다란 상처를 준다. 상처는 베이면 베일수록 아리다. 가슴에 커다란 멍으로 남기도 한다. 사람은 살아가면서 누구나 후회하는 일을 겪게 마련이다. 특히 가족관계에서 골이 깊어져 마음을 푸는 일처럼 어려운 일은 없다.

"어머님 왜 그렇게 저를 미워하셨나요?"

시어머니 장례식장에서 며느리가 울부짖으며 영정 앞에 넋을 놓아 통곡하고 있었다. 10여 년을 왕래 없이 살았다는 시어머니와 며느리는 끝내 재회하지 못하고 영영 이별해야만 했다. 며느리의 처절한 몸부림은 보는 이들도 안타까워 먹먹해졌다. 그들만의 사연과 이유가 있겠지요.

시간은 기다려 주지 않는다. 뒤늦게 손을 내밀려 해도 누군가는 이미 이 세상에 존재하지 않을 수 있고, 혹은 마음에서 영영 멀어진 경우를 수없이 접한다. 더 가까워질 수 없는 사람들은 딱 그만큼의 인연이겠지만, 가족은 그렇지 않다. 가족이라는 울타리는 모두 저마다의 이야기를 품고 있다. 많은 형태의 가족 중에서 감정 표현이 유독 안 되는 관계가 있게 마련이다. 당연한 일이다. 방문객으로 나에게 온다는데 어찌 어마어마한 일이 아니겠는가? 어마어마한 장애물을 만나 하나하나 풀어내는 과정이란 생각을 한다. 풀다 보면 쉬이 풀리는 일도 많아지고 지원군도 얻게 된다. 가족으로 품어 안으려는 태도가 필요하다. 자잘한 마음 상하는 것들에서부터 시작된 갈등을 쌓아놓다 보면 남보다 못한 관계가 된다. 화해의 시기를 놓쳐 단절된 가족을 수없이 보게 된다.

우리는 가족이기에 실수도 더 많이 한다. 가족이니까 괜찮다. 하지만 실수를 많이 한 만큼 사과도 많이 해라. 사과하려는 마음이 생겼다면 미루지 말고 즉시 해야 한다. 내일로 미루지 말고 바로 전화기를 들어라. 그때그때 풀고 해소해야 뒤끝이 없다.

세상을 살아가는 데 가족만한 지원군은 없다는 사실을 잊지 말자.

"자신이 할 수 없다고 생각하고 있는 동안은 사실은
그것을 하기 싫다고 다짐하고 있는 것이다. 그러므로
그것은 실행되지 않는 것이다."

– 스피노자 –

■ 나를 찾아가는 여행

셀프 치유 미술치료 기법

• 내가 남긴 추억 찾기 _{바닷가}

　준비물: 재료를 모으기 위한 비닐봉지

실시 방법

① 바닷가를 걷는다.

② 인생을 되돌아보며 내 인생은 어떤 추억으로 이루어져 있을까?

③ 추억을 하나하나 모아 보자.

④ 발에 밟히는 조약돌을 하나 집어 든다. 어느새 다양한 돌이 손 안에 가득 채워진다.

⑤ 상처와 치유의 시간을 갖는다.

추억의 돌

① 다양한 색의 돌에 젯소를 바른다.

② 마른 후 아크릴 물감으로 내 인생의 돌을 만든다.

③ 작품을 완성한 후 창가나 선반에 전시한다.

9

가면 속에 자신을 숨기지 마라

"꽃이 아름다운 이유는 당신 안에 꽃이 있기 때문이다."

- 법정 스님 -

내담자들에게 "너무 잘 그리려고 애쓰지 마세요."라는 말을 종종 하게 된다. 이 말의 의미는 "그냥 당신 자신을 보여 주세요."이다. 다른 사람에게 잘 보이려고 애쓰는 그 모습 말고 조금 모자란 나, 조금 어리숙한 나, 조금 둔한 나면 어때요. 그게 나인 걸요. 가면 속에 자신을 숨기려 하지 말고 부족하면 부족한 대로 지금 그대로 당신을 보여 주세요.

사실 자신의 나약함을 타인에게 보인다는 것은 용기가 필요하다. 나를 어떻게 생각할까? 상대에게 기왕이면 좋은 사람으로 비치기를 바라는 마음은 누구나 똑같다. 하지만 다른 사람 눈에 좋은 사람이 되려고 자꾸만 내가 아닌 남의 가면으로 살아간다면 얼마나 불안하겠는가?

타인의 비판적 시선과 마주한다는 건 두려움도 따른다. 혹시라도 자신이 쓴 가면이 벗겨질까 전전긍긍해 할 것이다. 그러니 가면을 당당히 벗고 나의 본 모습을 그대로 인정하고 뻔뻔해지기를 바란다. 타인의 비판적 시선도 마주할 수 있어야 진정한 나로 바로 살 수 있다.

세상에는 공부 머리가 좋은 사람이 있는가 하면, 공부 머리보다는 뭘 만드는 재주가 뛰어난 사람이 있다. 낯가림이 심해 처음 보는 사람과는 말 한마디 섞기 힘들어하는 사람이 있는가 하면, 변죽이 좋아 처음 보는 사이라도 금세 형 동생 하며 자연스러운 관계를 맺는 사람도 있다. 눈치가 빠른 사람도 있고 눈치 없다고 타박받는 사람도 있다. 우리는 타고난 대로 생긴 대로 살아가야 제일 편하다는 얘기다. 그러니 자신이 어떤 사람인지를 먼저 파악하는 건 매우 중요하다. 아무리 값비싼 옷을 걸친다 해도 내 몸에 맞지 않으면 불편하다. 우리는 모두 잘하는 것도 못 하는 것도 제각각 다르기 때문이다. 같은 부모 밑에서 자란 형제·자매들도 성격, 취향이 다 제각각인데 하물며 타인은 두말할 것도 없다. '나는 나'이고 '너는 너'이다.

수줍음이 많아 대인관계를 무척 힘들어했던 내담자가 몇 년 후 원하던 곳에 취업했다며 찾아왔다. 그를 꼭 빼닮은 다육이를 들고 활짝 웃으며 "저도 이 아이처럼 잘 뻗어갈게요. 이제 할 수 있어요. 지켜봐 주세요." 당당하게 말한다. 부끄럼쟁이 얼굴은 온데간데없다. 예전에 미처 몰랐던 자신 안에 숨겨진 보석들이 있다. 그걸 찾는 사람도 다름 아닌 자신이다. 나는 단지 그들이 찾아낼 거라는 믿음이 있을 뿐이다. 옹기종기 이름 모를 들꽃들이 제자리를 차지하듯 그를 닮은 다육이가 새로운 싹을 피워낼 때마다 소심하고 수줍어했던 그를 만난다. 가면 속에 가려진 야무지고 똑 부러진 자신을 찾은 그도 결국 다육이처럼 자신만의 울타리를 만들어 단단해질 거라는 믿음이 있다. 이미 잎꽂이로 번식하고 있겠지!

"선생님을 잊은 적이 없어요."

상담을 종결한 이후 문득문득 내담자들이 그립다. 차트를 정리하는 일은 그들이 잘 버텨 나가기를 바라는 염원도 함께 담아내는 작업이 된다. 5년이 훨씬 넘은 기억을 소환하는 일은 그리 쉽지 않지만, 빼곡히 쓰인 메모를 발견하는 순간 그와 나의 시간이 주마등처럼 스친다. 어려운 일을 겪고 있었지만, 꼭 상담을 공부하고 싶다 했던 그녀는 현재 상담사의 길을 걷고 있다 하니 이 얼마나 고마운 일인가. 상담 중에 한 마디 한 마디가 사람을 살리기도 하고 더한 상처를 남기기도 한다. 어떤 사람의 삶에 등불이 되어 주는 일은 감동을 안겨 주기도 하지만 더불어 큰 무게와 책임감도 느낀다. 최근 들어 최소한의 상담을 진행하려는 이유도 갈수록 깨닫는 바가 다르기 때문이다. 동료로 벗 한 사람이 생겼다는 건 참 기쁘고 행복한 일이다. 나를 잊은 적이 없다니, 부족한 나에게 힘을 실어 주는 마음으로 받는다. 역경을 극복한 후 우리 함께 성장의 이야기를 나눠 볼 기회를 얻고 싶다. 내담자들은 매번 나를 일으키는 힘이 있다.

평소 털털하고 솔직한 성격으로 주변에 친구도 많고 늘 밝았던 친구의 고민은 의외였다. SNS에 '좋아요'의 숫자를 꼭 확인하고 생각보다 숫자가 적으면 잠도 안 오고 소외감을 느껴 자신이 초라해진다고 말했다. 누구보다 솔직하고 당당하다고 생각했던 친구는 사실 그 누구보다 다른 사람의 시선을 의식하고 비교하면서 살고 있었던 것이다. 다른 사람이 자신을 인정해 주고 좋은 평가를 해 줄 때 안심이 되었고, 타인이 인정해 주는 모습으로 자신을 평가했다.

이 친구뿐 아니라 많은 사람이 다른 사람의 평가를 매우 중요시한다. 좋아요, 댓글, 조회수 등 심지어 돈을 들여 숫자를 조작하기도 한다. 얼굴은 타인을 향해 웃고 있지만, 웃음 뒤 감춰진 가면 속 얼굴은 늘 불안해하고 있다. 남들이 나를 인정해 줄 때까지 끊임없이 갈구한다. 인생이 과제인듯, 마냥 자신이 정해 놓은 숫자에 전전긍긍하며 도달해야만 만족한다. 사실 몇몇 빼고는 관심도 없다. 그 몇 사람을 위해 내 시간을 몽땅 허비한다는 건 비효율적이다.

남들에게 좋은 사람으로 보이고 싶어 하지 말고 자신한테 좋은 사람으로 평가받으려 노력하자. 진짜 인정은 나에게 받아야 한다. 이제 남들의 평가 때문에 자신의 가치를 결정하는 어리석은 일에서 나를 해방시키자.

게슈탈트 기도문

"나는 나의 할 일을 하고, 당신은 당신의 일을 합니다.

　내가 이 세상을 살아가는 것은
　당신의 기대에 맞추기 위한 것이 아니고

　당신이 이 세상을 살아가는 것도
　나의 기대에 맞추기 위한 것이 아닙니다.

　나는 나이며, 당신은 당신일 뿐입니다.
　어쩌다 우리가 서로를 알게 된다면 참 멋진 일이겠죠.
　만약 그렇지 않다 해도, 어쩔 수 없는 일일 것입니다."[5]

- 프리츠 펄스 -

---

5) Fritz Perls , 1969, The Gestalt Prayer

〈부록〉

■ 나를 찾아가는 여행

셀프 치유 미술치료 기법

• 감정을 색깔로 표현하기
  준비물: 모조지 또는 4절 도화지 여러 장, 크레파스 또는 파스
          텔, 잡지, 가위, 풀

실시 방법
① 긴 종이를 준비한다. 여러 장을 길게 테이프로 고정해도 된다.
② 재료를 준비한 다음, 종이 앞에 앉아 차분히 자신의 내면에 집
   중한다.
   지금까지 살아온 인생의 길을 되돌아보며 좋았던 일, 슬펐던 일
   을 떠올리며 그때 무엇을 체험했고 어떤 감정을 가졌는지 생각
   을 떠올려 본다.
③ 인생을 회고하며 이제 그림을 그리기 시작한다. 색이나 상징적
   인 형태로 표현해도 좋고, 사진을 이용한 콜라주도 좋다.
④ 걸어온 인생의 컬러를 색으로 느껴 보고 표현하고 흘려보낸다.
⑤ 살아오면서 느꼈던 모든 감정은 자신을 지탱해 온 에너지임을
   체험하고 받아들인다.
⑥ 감정 훈련을 통해 자신을 표현하고 진정한 나로 서기

4

지금 우리는
화해하는 중입니다

1

홀로 숲을 이룰 수 있는
나무는 없다

    속담에 지진이 발생하면 대나무 숲으로 피하라는 말이 있다. 대나무의 질기고 강한 뿌리가 서로 얽혀 땅속에서 튼튼한 그물망을 형성하여 지진에도 끄떡없기 때문이다. 그래서 산짐승들도 지진이 나면 대나무 숲으로 간다고 한다. 짐승들도 더욱 안전한 곳이 대나무 숲이라는 걸 경험으로 안다는 것일 게다.

    중국의 극동 지방에서만 자라는 '모소 대나무' 이야기다. 그 지방 농부들이 대나무를 키우는 방법은 주목할 만하다. 농부들은 모소 대나무의 씨앗을 여기저기 뿌려 놓고 물을 주며 매일 같이 정성을 들여 키운다. 그러나 처음 3㎝ 자라난 죽순은 그 후론 좀처럼 자라날 기미를 보이지 않는다. 아무리 물을 주고 거름을 줘도 더 이상 자라지 않고 마치 성장이 멈춘 듯하다. 다른 지방 사람들은 이 모습을 보면 도

무지 이해하지 못하고 고개를 젓는다. 그러나 그 지방 농부들은 아랑곳하지 않고 묵묵히 물과 거름을 줘 부지런히 보살핀다. 그렇게 3~4년이 지나고 5년째 되는 어느 날 놀라운 일이 일어난다. 겨우 3㎝ 불과하던 싹은 엄청난 속도로 자라기 시작하기 때문이다. 5년째부터 모소 대나무는 하루에 30㎝ 이상 자라기 시작해 6주 만에 15m 이상 성장해 순식간에 울창하고 빽빽한 대나무 숲이 된다. 농부들은 그제야 칼을 꺼내 들고 대나무를 베어 낸다고 한다.

모소 대나무는 몇 해 동안 땅속에서 뿌리를 내리며 성장의 발판을 만든다. 한순간도 멈추지 않고 땅 밑 수백 미터까지 지반을 다지고 올라올 준비를 하는 것이다. 자신이 흔들림 없이 뻗어나갈 수 있을 때 비로소 자신을 드러내는 일, 그것은 결코 혼자 해낼 수 없다. 홀로 숲을 이룰 수 있는 나무는 없기 때문이다. 사람도 마찬가지다. 사회적 존재로서의 인간은 홀로 살 수 없다. 서로 상호작용 속에 자신의 존재를 발휘할 때 더 빛나는 것처럼 지금 우리도 뿌리를 내리는 시간이 필요할 때이다. 충분히 다지고 준비되었을 때 더 단단한 나로 일어설 수 있다. 덜 익은 감도 자신을 지켜내기 위해 섣불리 따먹으면 떫은맛으로 돌려 준다. 계획한 일이 다소 더뎌지더라도 좌절하지 않기를 바란다. 세상에 어려운 일을 쉽게 해내는 사람은 아무도 없다. 모소 대나무의 5년이란 인고의 시간을 좋은 교훈으로 삼자.

"진실은 사랑해야 하고 잘못은 용서해야 한다."

- 볼테르 -

내 이름을 풀어쓰면 '수풀에 만 개의 옥이 빛난다'이다. 거대한 숲이라면 만 개의 구슬은 눈에 띄지도 않겠지만, 구슬 한 개라도 제대로 빛을 발하면 숲을 환하게 밝히고도 남을 것이다. 세상에 이로운 일을 많이 하며 살아가라는 뜻으로 받아들였다. 할아버지가 지어 준 이름이 어릴 적 나는 몹시 싫었다. 아이들이 놀리곤 했다. 남자 이름 같다거나 촌스럽다는 등. '흥! 지들 이름은 뭐 그리 대단하지도 않으면서' 지금 같아선 쏘아 붙였을 텐데 수줍음이 많았던 나는 입을 굳게 다물고 할아버지를 원망했다. 그리고 이름을 물으면 가명을 썼다. 첫 미팅에서 일어난 웃픈 이야기이다. 아마 그 당시 좀 이쁘다는 이름을 빼곡히 적어 놓고 친구랑 서로 불러 줬던 기억이 새록새록 떠오른다. 그땐 그랬지! 그 후 내 이름의 원망에서 해방되는 순간을 맞이한다. 바로 홍콩 배우 장만옥의 등장이다.

그녀는 한 시대를 풍미했던 스타였고 한때 그녀의 인기는 대단했다. 〈첨밀밀〉, 〈화양연화〉를 보며 뿌듯해하던 나는 동일시가 제대로 되는 사람이었다. 이름이 홍콩 배우와 같다는 이유만으로 촌스럽다고 느껴졌던 이름이 독특하고 멋진 이름이 된 것이다. 강의를 할 때면 오프닝에 "저는 방금 홍콩에서 날아온 장만옥입니다."라는 멘트를 날리는 여유까지 생겼으니 말이다. 빚지고는 못 사는 성격이라 이제야 고백한다. 당신 때문에 나의 자존감이 급격히 상승했음을 고맙다는 말을 꼭 전하고 싶다. 마음의 그물망을 튼튼하게 짜는 일은 모수 대나무가 몇 해 동안 뿌리를 내리며 지반을 다니는 것과 같다고 생각해 본다. 어떻게 생각하느냐에 따라 모든 순간이 인생의 꽃을 피우게도 한다.

이름에 얽힌 사연은 참 많다. 특히 어르신들은 입을 모아 자신의 이름이 불렸던 적이 별로 없다고 하신다. 시니어 프로그램을 진행할 때 종이에 자신의 이름 석 자 써 놓고 쑥스러워하는 분들을 많이 접한다. 그런 날엔 주문을 한다. 지금껏 맘대로 불려 보지 못한 이름이니까 오늘 최고로 예쁘게 꾸며 주자고 부추긴다. 어르신들은 수줍게 크레파스를 잡고 색을 입힌다. 좋아하는 꽃으로, 무지갯빛으로, 태어난 계절로 또는 한자로 풀이하기도 하고 각자의 이름 속에 의미를 담아낸다. 자신의 이름을 좋아하지 않는다고 부르지 못하기도 한다. 이름이 못났다 하시는 분, 예쁘게 꾸며 수줍게 부르시는 분, 자신의 이름을 부르며 '미안하다' 하며 이제야 불러 본다는 어머님은 다행이라고 하셨다. 잊고 살아서, 모르는 체해서, 홀대해서, 부끄러워해서, 자신 없어서…. 그분들의 사연 속에 우리의 모습이 군데군데 다 들어 있었다.

'내 이름 쓸 데가 있어야지, TV에서 똑같은 이름이 나올 때 반가웠지, 이름에 미안하단 생각이 들어, 나에게….'

어렵게 꺼낸 이야기는 내가 나를 미워했었다고, 내가 나를 돌보지 못했다고, 용서를 구한다고, 우리 모두 숙연해지는 자리였다. 이름만으로도 우리 집단은 그 후 더 단단해지는 계기가 되었다.

"그렇게 대해서 미안해.'
"당당하지 못해서 정말 미안해."
"힘들게 해서 미안해."라고 소리를 내어 말해 보자.

우리는 그동안 자기 자신에게 만족을 못 하며 살아왔다. 더 나은 나, 더 괜찮은 나를 바라면서 살았다.

있는 그대로의 나를 인정하지 않고 불만이 가득했다. 자신을 사랑하지 못했다.

나에게 참 미안한 일이다.
내가 먼저 나에게 화해의 손을 내미는 일,
화해의 시작은 나로부터 시작되어야 한다.

타인에겐 한없이 친절하고, 자신에겐 홀대해도 될 거라는 생각은 안일한 자기 합리화이다. 때로는 나에게 합리화하려는 습관을 버려야 한다. 그래도 된다는 생각이 강화되면 어느 순간 자신은 뒷전이 되기 쉽다.

자신에게 잘못한 일, 미안한 일이 있다면 지금 바로 그 부분에 대해 사과해 보자. 따뜻한 눈으로 거울 앞에 서서 지금 나에게 사과하자. 그리고 나 자신에게 친절해지자.

2

도망치기만 하다가는
미로 속에 갇힐 뿐

"반드시 성인 보호자와 동행하시기 바랍니다."라는 팻말이 눈에 띈 건 미로공원을 빠져나온 후였다. 경험하지 않고 이유를 알 수 있는 건 별로 없구나! 우리 일행들의 표정에서 읽을 수 있었다.

출장 중 여유가 생겨 안면도에 있는 미로공원에 갔었다. 우리는 이쯤이야 하며 호기롭게 출발했다. 하지만 미로 찾기는 생각보다 어려워서 돌다 보니 계속 같은 자리만 뱅글뱅글 돌고 있었다. 예능 프로에서 출연자들이 이곳에서 헤맬 때 왜 저길 못 벗어나나 했더니 내가 갇히고 말았다. 이러다 영영 미로 속에서 길을 찾지 못할 것 같은 조바심이 날 때쯤 손에 쥐어진 지도가 눈에 들어왔다. 한 시간이면 거뜬할 것 같았던 미로 여행은 두어 시간을 훌쩍 넘어 빠져나올 수 있었다. 무사히 미로 속을 탈출한 우리는 분풀이하듯 종을 쳐댔던 추억이 있다.

평소 공간 지각 능력이 떨어진다고 인지하는 나는 원기둥의 겉넓이 같은 문제를 다룰 때 가장 많이 했던 질문이 "어떻게 평면적인 도형이 입체화되었을 때 그 모습을 바로 예측할 수 있을까?"였다. 대부분 공간 지각력이라 하면 길 찾기 능력이라고 생각하겠지만, 적용되는 범위는 그보다 훨씬 넓다. 나처럼 도형 관련 문제를 어려워하고, 20년을 운전해도 주차는 여전히 힘들고, 게임 같은 건 아예 관심조차 없는 사람도 있다.

죽고 사는 일 같으면 이러지 않을 텐데, 사는데 그다지 불편하지 않아 더 도태되는 건 아닌가 하는 생각도 든다. 조금 더 신중하면 보이지 않는 것도 보게 된다. 무작정 못 한다는 생각은 버리고 먼저 사용설명서를 보는 습관, 지도를 펴 보고, 설명서대로 해 보려고 애쓸 것이고, 하나하나 전개도를 다시 펼쳐 볼 것이다.

살다 보면 가끔 길을 잃을 때가 없진 않다. 막힌 길 앞에서 망연자실 주저앉아 막막했던 적이 어디 한두 번이었던가. 도망치지 않고 걸었기 때문에 지금 이 길에 서 있을 수 있다.

우리 몸에도 '미로'가 있다. 프랑스 작가 미셸 투르니에 따르면, "인간이야말로 수많은 미로를 겹쳐 놓은 존재"라고 했다. 우리의 인체도 혈관들로 그물처럼 얽혀 있어 어느 한 부분이 막히면 멈추게 된다. 몸도 우리의 삶도 이런 미로에서 벗어나는 방법은 무엇일까? 멈추지 않고 계속 걷는 것이다. 미로를 만들 때 출구도 만든다. 모든 길에는 해법이 있다.

지금은 내비게이션이 있어 원하는 곳은 어디든 경로를 찾아 준다. 우리 인생에도 자신만의 내비게이션이 필요하다. 막다른 길목에 서성일 때 도무지 방향을 잡기 어려울 때 '경로를 다시 탐색합니다'라는

문구로 부모가 자녀를 타이르듯 안내해 주는 자신만의 내비게이션을
설계해 보면 어떨까.

김규동 시인은 〈해는 기울고〉[1]라는 시에서 미로에 닫힌 우리에게
위로를 보내며 당부하고 있다.

그래 가는 데까지 가보는 거야.
그러다 막히면 앉아서 좀 쉬면 되지.
그렇게 쉬어가다 보면 길이 보일거라고

장거리 출장길이면 라디오를 듣는다. 어느 청취자의 사연이 단절에
관한 이야기였다. 흡사 상담 현장에서 접하는 장면에 들어온 느낌을 받
았다. 사연인즉, 시어머니와 며느리는 결혼할 때부터 이미 고부 간의 갈
등이 있었고, 결혼 후 아예 시어머니와 왕래를 끊었다고 한다. 시댁의
대소사에는 남편과 아이들만 갔다. 그 후 몇 번의 기회를 놓치고 십 년
을 훌쩍 넘기게 되었는데, 시어머니가 갑자기 돌아가셨다는 사연이었
다. 며느리는 장례식장에서 시어머니의 유골을 끌어안고 하염없이 울었
다. 끝내 화해의 손을 건네지 못한 자신을 원망하며 또다시 응어리가
쌓인다. 관계는 참 어렵다. 실타래같이 얽혀 꼬여 있는 관계를 어떻게
풀어야 할까? 더 얽히지 않게 덜 꼬였을 때 풀어야 조금은 쉬워진다.

시간이라는 열차는 달리면 달릴수록 더 멀어져 간다. 부부 사이에도

---

1) 김규동, 2011, 《김규동 시선집》, 창비, p.699

소통 단절은 빈번한 상담의 주제로 다룬다. 무심히 던진 말이 평생 마음의 한이 되는 경우다. 한 예로 남편의 큰 목소리가 다그치는 것 같아 기분 나쁘다는 부인, 부인의 짜증 섞인 목소리가 온종일 기분을 언짢게 한다는 남편이다. 서로 심기가 불편하기에 듣고 싶은 대로 듣는다. 상대방이 아무리 그런 게 아니라고 해도 이미 상황 종료다. 유독 배우자에게만 그런 말투라면 분명 고쳐야 한다. 작은 싸움이 큰 싸움이 되고, 아주 작은 불씨가 활활 타올라 걷잡을 수 없는 지경에 이르게 되는 경우를 종종 목격한다. 시간은 나를 기다려 주지 않는다. 혹여 먼저 떠나보내게 되면 간 사람은 모른다. 남아 있는 내가 다 안고 살아갈 뿐이란 걸 일찍 깨닫자. 누구나 갈등은 있다. 내 속도 내가 모를 때가 많고 내 자식도 모르긴 마찬가지인데 하물며 타인과 갈등이 없을 수 있겠나.

젊을 때는 세월이 무척 긴 것으로 생각이 든다. 하지만 나이가 들수록 살아온 젊은 날이 얼마나 짧았던가를 깨닫는다. 차일피일 미루다 일 년이 되고 해가 바뀐다. 용서는 빠를수록 좋다. 화해의 문을 서둘러 열어 놓아야 한다. 사람은 남의 잘잘못을 비판하는 데는 냉철하나 자기 비판에 있어서는 아둔하기 마련이다. 때라는 시기가 있다. 기회가 왔을 때 그놈의 자존심 때문에 버티지 않기를 바란다. 장례식에 가서 용서를 빌 때는 이미 늦은 경우다.

전망대에 올라 우리가 걸어왔던 미로의 숲을 바라다본다. 또 누군가 미로 속으로 들어가는 모습을 보고 있으려니 그도 나와 같이 길을 찾으며 헤매고 다시 걷고 끝내 종을 울리게 될 거라는 생각에 미소를 지을 수 있었다.

3

우리는 몸이 보내는 신호를
이미 알고 있다

어느 날 갑자기 몸 안의 세포들이 하나씩 빠져나가는 기분이 들었다. 목의 통증은 어깨까지 내려왔고, 허리디스크 탓인지 허벅지의 저림도 최근 들어 심해졌다. 몸이 찌뿌둥하고 손마디까지 통증이 느껴졌다. 어디 한 군데 아프지 않은 곳이 없을 정도로 몸의 변화가 일어났다. 이러다 내 몸이 굳어 버리는 건 아닐까? 불안감이 나를 엄습해 왔고 모든 일에 의욕을 잃었다.

갱년기는 내게 한겨울의 한파처럼 예고 없이 들이닥쳤다. 자이로 드롭에서 뚝 떨어지는 듯 앞이 캄캄했고 삶의 질 또한 함께 추락했다. 어미 잃은 아기 새처럼 불안하기만 했다. 증상이 하나씩 늘어날 때마다 자가 진단을 내리며 병원을 찾았다. 의사 선생님은 나의 진단이 오류임을 지적하셨고, 난 가는 곳마다 상담을 조금만 더 늘려 주기를 요청했다. 건강 염려증이 부른 나와의 투쟁이었다. 남들이 갱년기라 할 때 난 무시하듯 무덤덤했었다. 평소 체력 관리도 잘하는 편이고, 활동량도 많고, "뭐 다 하는 거 난 모르고 지나갈 거야" 하면서 남의 일이거니 했다.

내 몸이 무너지는 걸 체감하며 하루하루 건강에 대한 불안이 시작되었고, 그 불안에서 시작한 두려움은 좋아질 거라는 기대를 몰아내 버렸다. 얼마 전 손가락에 통증이 느껴지는 아픈 경험을 했다. 집안일을 하거나 컴퓨터 작업을 할 때 누군가 내 손을 잡아 두드리는 듯한 경험이었다. 정말 알 수 없는 고통이었다. 통증이 밀려올 때마다 손에 마비가 오는 건 아닐까? 나는 유서를 써야겠다는 생각도 했다. 내가 갑자기 쓰러진다면 남겨진 가족들은 어쩌나 별생각이 다 들었다. 폐경을 시작으로 몸은 내게 여러 번 신호를 보냈던 것이다. 다만 내가 별스럽지 않게 여겼고 몸을 아끼지 않았다. 장거리 운전도 마다하지 않았고, 나를 불러 주는 곳이면 어디든 달려갔다. 강의안을 짜느라 밤샘 작업이 전혀 피곤하지 않았고, 오히려 살아 있다는 즐거움이 더 컸다. 운전을 하다 다리 한쪽이 저리는 느낌을 받아도 곧 괜찮아지겠지 하며 무심히 지나쳤다. 몸이 말하는 소리를 외면했다.

속옷 사이즈가 커지는 것도 예외는 아니었다. 아무리 체중에 신경을 써도 한번 늘어난 치수는 좀처럼 회복되지 않았다. 어느 사이 내게 딱 맞는 편한 신발처럼 속옷도 한 몸이 되어 있었다. 예쁜 레이스에 디자인만을 선택했던 브래지어와 팬티는 고이 서랍 속에서 잠자고 있다. 몇 시간씩 불편한 걸 참아가며 사는 게 이젠 아무런 도움이 안 되는 걸 몸이 먼저 안다는 뜻일 게다. 주변에 말도 안 되는 일이라고 생각했던 것들이 하나둘 내게 일어나고 있다.

운전을 할 때 신호를 보지 못하고 달리면 사고가 나는 건 당연하다. 미리 정지선을 지키고 준비하고 대비하면 사고를 줄일 수 있듯이 우리 몸도 마찬가지이다. 무작정 건강에 자만하지 말고 미리 대비하고 몸이 보내는 신호를 알아차리는 연습을 해야 한다. 반의사가 되어서야 갱년기 증상은 지나가야 완화된다는 원리인 걸 알게 되었다.

우스갯소리로 사춘기 자녀와 갱년기 엄마가 싸우면 갱년기 엄마가 이긴다는 말이 있다. 그만큼 사춘기보다 갱년기 증상이 신체적 변화가 크게 오고 몸과 마음 모두가 고통이 따른다는 말일 것이다. 인간 발달 단계에서 사춘기思春期는 '봄을 생각하는 시기' 즉 계절로 시작하는 봄에 해당하고, 갱년기更年期는 '다시 해를 맞이하는 시기'이다. 신체적으로 모든 생리적 기능이 떨어지고 중년기를 지나 노년기를 맞이한다고 하니 그 몸과 마음이 얼마나 고통이 따르겠는가. 사람도 어쩔 수 없이 자연의 이치에 순응해야 하고 중년기를 지나 노년기를 맞이해야 한다. 공자님도 갱년기에 해당하는 나이 50을 지천명知天命, 하늘의 이치를 안다이라 하였다.

몸의 변화는 급격히 신체적 증상으로 더 약해진 몸을 만났지만, 이역시 내게 일어날 일이기에 순순히 받아들이고 있다. 그만큼 부지런히 살았다는 증거이고, 그동안 몸이 주는 안정감이 얼마나 편안하고 감사했는지 새삼 깨닫게 된다. 몸이 나를 지탱해 주고 어떤 상황에서도 우리 몸은 살기 위해 변화한다는 사실을 믿는다. 밤새 기침을 하고 열이 나면서 몸살을 겪는 것은 우리 몸을 정상으로 되돌리려 생기는 반응이고, 또 우리 몸은 죽기 위해 변하는 것이 아니라 살기 위해 변하는 것이라는 걸 배우게 된다. 바람이 불면 부는 방향에 몸을 맡기고 다시 일어서 자세를 바로잡는 잡초처럼 어떻게 사는 것이 건강하게 사는 것인지 우리의 몸이 알려줄 것이다. 살면서 무언가를 이루려고 아등바등 발버둥 치다 어느 순간 그것을 포기해 본 경험이 내게도 있다. 욕심을 버리는 그 순간 오히려 내 마음이 한없이 평온했던 적을 떠올리며 지금의 내 상태도 별반 다르지 않다는 걸 깨닫는다.

그렇다면 평상시 자신의 체력을 적절하게 유지하고 몸의 신호를 알아차리려면 어떻게 해야 할까? 50세 이후에는 우선 나이 듦을 자연스럽게 받아들이고, 몸이 자신에게 전하는 말에 귀 기울여 본다. 눈이 아프다거나, 소화가 잘되지 않고, 두통이 자주 일어나면 몸이 쉬어 달라는 증상으로 받아들여 보자. 증상은 각자의 가장 취약한 장기에서부터 시작되는 만큼, 몸이 증상이라는 신호를 보내면 무시하지 말아야 한다. 개인마다 취약한 부분이 먼저 신호를 보낸다. 손을 많이 쓰는 사람은 나처럼 손마디 통증으로 올 수 있고, 어깨 결림, 요통 등 다발적으로 갱년기를 겪게 된다.

미리 자신의 취약한 부분을 알고 대처해야 갱년기를 잘 이겨낼 수 있다. "인간은 태어날 때부터 몸속에 100명의 명의를 지니고 있다." 히포크라테스의 이 말은 병을 치료하는 것은 결국 우리의 몸 자체여야 한다는 그의 철학이 담겨 있다.

지금까지 살아낸 지나온 날들의 기억을 미래의 나에게 보고하기 위해서 지금 나는 살아내는 중이다. 우리 몸은 건강에 이상이 있으면 신호를 보낸다. 증상이 있을 때는 적절한 휴식을 취하고 영양을 보충

해 체력을 회복해야 한다. 몸이 보내는 신호를 무시하고 무리하게 되면 질병이 생긴다. 몸이 보내는 신호인 '증상'을 알아차리고 적절하게 대응하면 건강하게 오래 살 수 있다.

탈무드에서 "어리석은 자의 노년은 겨울이지만, 현명한 이의 노년은 황금기"라고 한 것처럼 우리 모두 현명하게 황금기를 맞이해요.

지금 나는 나와 화해하는 중입니다.

4

아픈 과거와의 이별을
자신 있게 걷는 방법

"구질구질하게 매달렸어요."

긴 연애를 하고 이별을 겪으며 이제 다시 연애를 하고픈 마음이 생겼다는 그녀가 한마디 툭 던진 말이다. 누군가 내게 이별을 통보했다면, 그 사람은 이미 이별 준비를 하고 있었을지도 모른다. 오래전부터 조금씩 그는 준비했고 나는 그렇지 못했다. 어느 한쪽의 일방적인 통보일 수 있다. 그러니 구질구질하게 매달린다는 건 그럴만한 일이다. 이별의 이유가 이해할 수 없을 때 왜 그래야 하는지를 곱씹게 된다. 이별의 이유는 그 사람에게만 있는 게 아니라 내게도 있을 거라는 생각은 할 수 없게 된다. 내가 차였으니까!

하지만 선 폭풍 후 폭풍이 지나고 제정신이 들 때쯤 내가 그에게 보냈던 말투나 행동들이 하나씩 선명하게 떠오른다. 성난 파도가 폭발하듯 쏟아내었던 수많은 언어로 나도 이미 그와 이별을 말하고 있었다는 걸 알게 되기도 한다. 그는 일방적이지 않았고 독단적이지 않았음을 깨닫는 순간이 온다.

우리의 인연은 여기까지구나! 하는 마음으로, 그래야 다음 사랑은 덜 아플 수 있지 않을까?

많은 커플을 보면 그중에 짧은 인연도 있고 10년을 만나 헤어지는 인연도 있다. 차이기도 하고 차기도 하고, 좋았던 기억은 하나도 없다고 울부짖기도 하고, 아직도 못 잊어 술만 먹으면 전화하고 다시 원수가 되고, 누구는 다시는 영영 연애를 하지 않겠다는 사람 등 각양각색이다.

아픈 과거와 마주하는 것은 누구에게나 슬픈 일이다. 하지만 서로가 서로의 인연이 아님을 인정할 때 용감해져야 하는 이유도 있다. 미국의 시인 헨리 롱펠로가 "잘 시작하는 것도 훌륭한 것이지만 잘 끝내는 것은 더 훌륭한 일이다."라고 말한 것처럼 잘 끝낼 때 우리는 더 성숙한 한 사람으로 성장할 수 있다.

'시절 인연'이란 말이 참 예쁘다고 생각했다. 짧았든 길었든 둘만이 전부였던 그 시간이 그들의 시절이 아니었을까? 인생을 살면서 20대에 만났던 사람, 30대에 만났던 사람, 그 시간은 무엇과 비교가 되지 않는다. 그 시절 인연이 있었기에 지금의 내가 있는 것이다. 시절마다 얼마나 고마운 일인가. 그가 있었기에 버텼고 살아낼 수 있었다는 증거가 아닐까? 앞으로 살면서 또 나의 시절에 맞는 인연이 다시 내게로 올 것이다. 우린 그때 최선을 다하면 된다. 후회하지 않도록 그러니 지나간 시절 인연에 감사하자. 재수가 없다느니, 다시는 너 같은 애 만나지 않을 거라는 둥 마음에도 없는 소리 하는 게 아니다. 지나온 시절 인연에 화해의 손을 내밀자.

존경하는 은사님이 평소 커플들에게 꼭 들려주는 이야기가 있다. 배우자감으로 맞지 않은 사람이 딱 하나 있는데, 바로 의심증이란다. 이 의심증만 없으면 된다고 하셨다. 다른 건 노력해서 변할 수 있지만, 이 의심증만은 고치기 어려우니 특히 조심해야 하는데, 그걸 구별해 내는 방법은 상대방에게 과도한 몰입을 하지 말아야 한다는 것이다. 지나치게 과하게 관심을 두는 건 상대방을 배려하는 게 아니라 독이 될 수 있다는 말씀이셨다. 남녀 관계에서도 '성숙'이 첫 번째라는 큰 가르침이다.

어디에서 누구와 무엇을 하는지 매번 꼭 확인해야만 하는 그 혹은 그녀라면 배우자로 선택하지 말 것을 당부했다. 나중에 의처증과 의부증으로 발현될 확률이 매우 높다고 한다. 평생 그 울타리 속에 갇혀 살아야 하니 상대를 보는 눈도 길러야 한다고, 커플 상담에서도 심심찮게 호소하는 문제이기도 하다. 집착은 모두를 힘들게 한다. 자신도 문제지만 주변 사람을 매우 고통스럽고 피폐하게 만든다. 여러 학자들의 견해도 가장 치료가 힘든 병으로 분류되고 있다.

그만큼 과하다는 과(過)는 어느 곳에서든 바람직하지 않다. 연인 관계도 적당한 거리, 적당한 온도가 필요하다는 말일 것이다. 유난히 추위를 많이 타는 사람도 있고 더위를 많이 타는 사람도 있다. 나는 추위를 타니까 여름에 에어컨을 켜는 게 싫다고 해서 틀지 않는 건 더위를 많이 타는 사람에 대한 배려가 아니고, 겨울에도 덥다고 온도를 낮춘다면 추위를 타는 사람에 대한 배려가 아니듯이 적정한 온도를 유지해 주어야 한다. 사람마다 자신의 온도를 가지고 있다. 남녀 사이에도 적당한 거리를 유지하는 건 서로에게 유익하다.

다시 연애하고 싶은 마음이 생겼다는 그녀에게 은사님의 조언을 덤으로 전할 수 있었다. 이별을 자신 있게 말하고 더 성숙한 그녀가 앞으로 건강한 연애를 하고 있다는 소식을 전해 주길 기대해 본다.

위로가 필요할 때 우리는 누군가에게 내 속을 드러내야 한다. 그 누군가는 친구가 되기도 하고 동료나 연인이 되기도 한다. 하지만 일일이 속을 다 보이고 싶지 않을 때가 있다. 그때는 나 자신에게 말하고 싶을 때이다.

'그때 나는 왜 그냥 넘어갔을까? 상처받았는데….' 아무 말도 못하고 뒤돌아선 나를 다시 만나 보자.

내가 내 마음대로 안 돼서 힘들었던 나, 어리숙한 나, 소심했던 나를 그대로 볼 수 있다면 괜찮다. 아팠던 과거도 나고 별반 다르지 않은 지금의 나도 괜찮다. 하지만 그게 그렇게 괴롭고 불편할 정도였다면 다음번엔 자신 있게 말하자. 나 상처받았다고 솔직히 말하자.

내가 나에게 화해를 청해 본다. 아무렇지 않은 듯 살아가지만 아팠던 나에게 손을 내밀어 본다. 과거와 이별을 하고 다시 자신 있게 걷는 그들이 보기에도 참 좋다.

"선생님 언젠가는 내 짝을 만나겠죠?"
"내가 차인 게 천만다행이에요"

당신은 지금 충분히 괜찮은 사람입니다.

5

관계가 어렵기만 한 당신에게
해 주고 싶은 말

영화 〈인디아나 존스〉를 보고 자란 나는 고고학자가 되는 게 꿈이 었던 시절이 있었다. 고대 유적지와 유물을 찾아내고 조사해 인류의 과거에 대해 알아내는 일이야말로 세상에서 제일 흥미로울 거라고 생각했다. 발굴 작업이 얼마나 중노동인가를 모른 채 환상만을 꿈꿨 다. 모험 판타지 영화를 닥치는 대로 보러 다녔다. 미이라를 보며 놀 랍고 경이로웠던 경험은 청춘의 어느 한순간 페이지에 묻혀 있다.

내 맘대로 인생은 펼쳐지지 않았고, 가끔 발굴 작업 뉴스를 보는 것으로 위안을 삼는다. 발굴이란 땅에 유존해 있는 과거의 흔적을 찾아내는 과정을 의미한다고 하니 나의 직업과도 무관하진 않은 듯 하다. 숨겨져 있던 자신의 재능을 찾아내는 일처럼 말이다.

사람마다 좋은 점 하나씩은 가지고 있게 마련이다. 이것을 개인의 장점이라고 말하는데, 내가 잘하는 것 중 하나가 상대방의 장점을 잘 찾아내는 일이다. 누구를 만나도 그 사람만이 가진 좋은 점을 먼저 보게 된다. '자세히 보아야 예쁘다'는 말처럼 조금 더 세심히 관심을 가지면 된다. 다른 사람의 예쁜 모습을 볼 수 있다는 건 그 사람을 있는 그대로 인정해 줄 수 있는 넓은 마음이 있다는 점이다.

좋은 점을 먼저 보게 되면 부족한 면은 크게 드러나지 않는다. 내가 찾은 그 사람의 장점을 그대로 표현해 주면 된다. 관계의 시작은 관심이고 표현이기 때문이다. 사람은 누구나 인정을 필요로 하는 존재이기에 자신을 알아봐 주는 상대에게 너그러워진다. 이런 장점은 어려운 관계를 쉽게 풀리게도 해 준다.

상담실에서 만나는 대부분의 내담자는 자신의 부정적인 면을 부각하게 된다. 스스로 자신을 대하는 태도가 곱지 않다.

"저는 이게 문제에요. 이런 면이 싫어요. 이래서 힘들어요."

자신 안에 불만이 가득 차 있으면 외부의 다른 어떤 것도 눈에 보이지 않는다. 여기서 외부란 자신, 타인, 자연 모두가 될 수 있다. 상담실에 꽃을 준비하고 가끔 소품을 바꾸는 이유 중 하나가 내담자들이 외부의 세계에 관심을 보였으면 하는 바람도 있어서이다.

"당신에게 이런 재주가 있다는 걸 알고 있나요?"
"낭랑한 목소리가 오늘 듣기 참 좋네요."

자신이 알지 못한 미지의 영역에 대한 호기심에서부터 시작된다. 지금 옆에 있는 사람에게 조금만 관심을 기울이면 관계는 변화될 수 있다고 믿는다. 아주 작은 것 하나라도 내가 괜찮으면 괜찮은 거다. 나를 지키는 건 나 자신이기 때문이다.

〈그는 당신에게 반하지 않았다〉라는 영화는 남녀의 연애 심리를 다룬 사랑 이야기다. 우리는 완벽한 사랑을 꿈꾸지만, 서로에게 알맞은 상대를 찾는 데는 매번 실패하기도 한다. 그래서 사랑은 늘 헷갈리고 속내를 알 수 없고 아리송하다고 한 것일까? 달라도 너무 다른 남녀의 심리를 사실적으로 보여 준 커플들의 이야기가 한 번쯤 경험한 내 얘기인 듯 착각이 들기도 했다.

첫 만남 이후 연락이 오지 않는 남자를 기다리며 '그 남자가 바빠서일 거야', 아니면 '어머니가 아프셔서', 그것도 아니면 '그 남자가 죽어 버린 걸 거야' 하는 착각에 빠지게 하고 서로 두둔하고 희망 고문을 할 줄 일이 아니라, 어디까지나 그 남자가 당신에게 마음이 없다는 사실을 받아들여야 한다는 것이 영화의 핵심이다. 영화 속 에피소드들을 보며 '지구상에 남녀 이야기는 별반 다르지 않구나!'란 생각이 든다.

사랑은 가르치려 드는 게 아니고 정해진 공식도 없다는 것이다. 하지만 서로 원하는 건 진심으로 사랑을 주고받을 수 있는 연인을 만나는 것이다. 더 이상 나에게 관심 없는 사람에게 기대하지 말아야 하는 이유는 세상의 반이 남자이고 여자이기 때문이다. 그 사람은 나에게 반하지 않았다는 걸 그냥 인정하면 된다. 아마도 세상에서 가장 어려운 일 중의 하나가 'Maybe' 미련을 버리지 못하는 것일 거다.

"엄마, 저 남자애가 나를 때렸어…"
"울지마, 저 애가 너를 좋아하기 때문이야."가 아니라
"울지 말고 너도 한 대 치고 오렴."

"그 남자가 나에게 전화를 안 해…"
"지금 출장 중이잖아. 나중에 할 거야."보다는
"잊어 버려. 네가 마음에 안 든 거야."

"그 남자가 나랑 결혼을 안 한데…"
"그는 너를 사랑하지만, 구속이 싫어서 그러는 거야."가 아니고
"잘 됐다. 차 버리고 다른 남자 만나."로 생각을 바꿔야 정신 건강
에 좋다.

He's Just Not That Into You

남녀 심리에 관한 강의가 있어 《화성에서 온 여자, 금성에서 온 남자》를 다시 읽게 되었다. 반응이 이렇게 다를 줄이야? 놀라웠다. "30대에는 읽었지만 도통 모르겠고, 40대엔 어렵네, 50대엔 어라 맞네! 맞아!" 하며 손뼉을 쳤다.

결혼 생활 20년을 훌쩍 넘기고 '금성에서 온 남자'를 이제야 조금

이해하게 되었으니 그나마 다행이란 생각이 든다. 서로 다른 두 사람이 만나 살아간다는 건 그만큼 인고의 시간이 필요하다는 뜻일 것이다. 여기에 몇 가지 팁은 화성인으로 살며 터득한 삶의 유용한 것들이다.

- 남편男子이 TV 시청하는 중에는 결코 아무 말도 들을 수 없다. 꼭 전해야 할 말이 있다면 직접 가서 얼굴을 마주 보면서 말한다.
- 청소기를 밀어 주거나 설거지를 해 주면 두 배로 칭찬한다.
- 집에서 쓰는 물건이 고장이 났을 때 하루를 허비하지 않으려면 남편보다 수리공을 부른다.
- 부탁할 때는 서두를 늘어 놓지 말고 본론부터 말한다.
- 알아서 해 주겠거니 생각하지 말고 바로 요청한다.
- 표현하지 못하면 아이 가르치듯 하나하나 알려 준다.
- '고마워! 사랑해! 미안해!'를 먼저 한다.

지극히 개인적인 생각이지만, 최대한 싸울 일을 만들지 않는 것이 현명하다. 상대방이 변할 거라고 기대하지 말고 내가 변해야 인간관계가 편해진다. 관계는 서로에게 완벽할 수 없다. 연인이면 더더욱 그렇다. 때론 허점이 보이는 사람이 인간적으로 느껴지기도 하는 것처럼 상대에게 부족한 점이 있다면 채워 주려는 마음을 갖자.

화해의 모든 출발은 나로부터 시작된다. 자신을 있는 그대로 보여 주는 것, 상대방을 있는 그대로 받아들이는 것, 다시 나를 만나고 그를 만나는 일이다.

6

자신을 사랑하고 당당하게
그림을 그린다면

우리는 살아가면서 수많은 꿈을 꾼다. 설령 그 꿈이 허황한 것이라도 미래에 대해 상상을 하며 희망을 품는다. 내 어린 시절에도 현실과는 아주 동떨어진 상상의 나래를 훨훨 펼쳤었다. 생각해 보니 나도 빨간 머리 앤처럼 상상하기를 좋아하던 아이였다. 원하는 건 마음먹기에 달렸다는 초긍정의 상상을 할 수 있었던 건 단연코 빨간 머리 앤 덕분이었다.

빼빼 마르고 주근깨투성이인 빨간 머리 앤을 동경하며 자랐다. 앤이 가지고 있는 긍정적인 마음, 밝은 시선, 풍부한 감성이 부러웠다. 그녀의 생기발랄하고 좌절하지 않고 현실을 있는 그대로 받아들이는 어른보다 더 어른인 앤을 어찌 사랑하지 않겠는가.

빨간 머리 앤의 제작자 모이라 월리베켓은 "이 앤은 할머니 세대의 앤이 아닌 지금 시대를 살아가는 우리 세대의 앤이다."라고 표현한 인터뷰를 보게 되었다. 그래서인지 시의성 있는 주제를 적절하게 다루며 2017년 드라마로 재탄생될 때 세계적인 반향을 불러오고 많은 화제가 되기도 했다. 누구에게나 호기심이 많은 빨간 머리 앤은 만나는 어떤 대상이든 말을 거는 재주가 있는 걸 보면 이미 교사가 되기 이전부터 좋은 글을 쓰고 있지 않았을까 추측해 본다.

앤의 세계에서 언제나 기둥이었던 매튜가 세상을 떠나고 마릴라의 건강이 악화되어 대학 진학을 포기해야 할 때도 자신의 처지를 비관하지 않았다. 길게 곧은 길보다는 모퉁이 길에서 매력을 찾아내는 긍정의 앤은 오히려 아주 명랑하고 세상을 매우 사랑했다.

마음의 눈으로 현실을 바라보고 자신의 현실을 행복한 마음으로 바꿔 놓는 재주가 있었다. 나와 같은 어른들에게도 빨간 머리 앤은 여전히 응원을 보내고 있으니 내가 앤을 사랑할 수밖에 없는 이유다.

빨간 머리 앤의 명대사들은 우리에게 힘을 보태기도 한다. 지쳐 있는 내게 또랑또랑한 앤의 목소리는 시원하게 내리는 빗줄기처럼 기분 좋다. 누구에게나 자신만의 빨간 머리가 있을 것이다. 앤에게 빨간 머리는 열등감이 아니었을까? 처음엔 앤도 자신의 빨간 머리를 없애 보려고 염색을 해 보고 여러 가지 방법을 써 봤지만, 자신의 의지로 바꿀 수 없는 일이라는 걸 알고 받아들인다. 우리는 자신의 핸디캡을 어떻게든 숨기려고 하고 애써 외면하고 아닌 척한다. 하지만 그럴수록 더 크게 드러나기 마련이다. 앤 덕분에 진정한 행복은 우리의 마음속에 있다는 것을 깨닫게 된다.

자신 안에 맘에 들지 않는 부분을 열등감으로 가지지 않고 잘 살아갈 수 있다는 것, 어느 길로 갈지 미리 알 수 없고 불현듯 모퉁이들이 나타나는 게 인생이라는 것, 그 모퉁이들을 돌아 나오는 길에서 두려워하기보다는 새로운 기대와 꿈을 조금이라도 품는 게 좋다는 것을 알려 준다.

앤은 "앞으로 알아낼 것이 많다는 건 참 좋은 일 같아요."[2]라고 이야기하면서 미래의 일들을 모두 알아 버린다면 상상할 일도 없어 재미가 없을 것 아니냐고 이야기한다. 마치 나에게 어떤 상황에도 좌절할 필요가 없다고 말해 주는 듯하다. 고민거리가 있다는 게 오히려 흥미진진한 소재가 될 수 있다며 새로운 시도를 하라고 부추긴다. 삭막한 현대 사회를 살아가는 우리에게 지친 마음을 달래고 다시 일어서는 힘을 내라고 위안을 준다.

얼마 전 독서치료에서 만난 어르신이 말씀하셨다. 매일 아침 눈을 떠 맞이하는 아침이 얼마나 설레는지 모른다고, 나이가 들어도 알아낼 것이 이렇게 많은 게 참 기쁘다고 하셨다. 시를 만나 세상이 아름답게 보였고, 그림책을 만나 감성을 다시 찾으셨다고 하시니 나도 덩달아 가슴이 뛰었다.

앤은 다시 "나는 마음껏 기뻐하고, 슬퍼할 거예요."[3]라고 말한다. 다른 사람들이 자신의 감정을 조절하지 못하고 너무 솔직하다고 수군거릴 수 있다는 것을 알지만, 살아 있는 동안 아무리 작은 것이라도 마음껏 표현하고 싶은 마음이 들게 하는 당찬 말이다.

---

2) 백영옥, 2016,《빨강머리앤이 하는 말, 아직 너무 늦지 않았을 우리에게》, 아르테, p.18
3) 백영옥, 2016,《빨강머리앤이 하는 말, 아직 너무 늦지 않았을 우리에게》, 아르테, p.276

남들이 수군거리는 걸 신경 쓰다 보면 정작 자기 일은 뒷전이 되고 만다. 아랑곳하지 말고 당당하게 내가 보고 듣고 느끼고 생각하고 말하고 행동하라고 힘을 실어 준다. 누가 뭐래도 나는 내가 시키는 대로 할 거야. 난 나를 사랑하니까!

인간은 자신이 가지지 못하는 걸 질투하고 미워할 욕망이 있다고 하지 않았는가. 당연한 일에 주눅 들지 말고 순간순간 즐겨 보자.

"전 화창한 날씨를 좋아해요. 하지만 비 내리는 아침도 참 좋아요. 아침은 어떤 아침이든 새로우니까요. 오늘은 또 어떤 일이 일어날지 기대하는 것만으로 기분좋아질 상상을 할 수 있으니까요."

평소 불평이 많다면 이 대사를 자주 읽어 보자. 사람은 누구나 핑곗거리를 찾기 마련이다. 하지만 핑계 때문에 하려던 것도 주저하게 된다. 자, 이제 그만 투덜이에서 벗어나는 연습을 하자.

어느 여배우는 말한다. "전, 저에게 자주 반해요." 이 말은 얼굴이 예뻐서만은 아니라고 생각한다. 진정 자신을 사랑할 줄 아는 사람, 밉든 곱든 있는 그대로 자신을 바라다볼 줄 아는 사람이 할 수 있는 말이다. 우리는 누구나 오직 한 사람으로 태어났다. 단순히 존재하는 것만으로도 사랑받을 가치가 있다. 나 자신을 소중하게 가치 있는 사람으로 대하자.

"저는 좋은 사람이에요. 당신이 알고 있는 것보다 훨씬 좋은 사람이에요."

누군가에게 자신을 좋은 사람이라고 당당히 말할 수 있는 사람은 자신에 대한 확신이 있기 때문이다. 나를 사랑하는 일이 세상에서 가장 위대한 일이다.

자신과 연애하듯 살아라.
하루에 한번은 자신에게 감탄하라.
첫 눈오는 설레임으로 자신을 대하라.
다른 사람의 시선에 둔감하라.
남을 위해 시간을 허비하지 말아라.
다 잘하려고 애쓰지 말아라.
그때는 그때대로, 지금은 지금대로
충분하다고 여겨라.

멈추지 않는다면 자신을 사랑하고 당당하게 자신만의 그림을 그려 나갈 수 있다. 얼마나 천천히 가는지는 문제가 되지 않는다. 빈 캔버스에 무엇을 담아낼지 자유로운 상상을 하며 오늘을 설레며 맞이하도록 하자.

7

부정적인 에너지도
표현해야 하는 이유

"모든 감정은 몸 안에 울려 퍼진다."

- 조슬린 드콴트 -

40대의 한 내담자는 머리가 자주 아프고 속이 답답하고, 심할 때는 화가 나 눈물이 나기도 한다고 했다. 이유 없이 가족들에게 짜증을 내고 잔소리가 심해져 자주 싸움으로 번진다. 스스로 왜 그런지 모르겠다며 상담 센터를 방문하게 되었다. 이 내담자의 문제는 무엇이었을까?

감정일기는 말 그대로 하루 중 있었던 일 중 한 가지의 사건, 생각, 감정을 적는 것이다. 사건, 즉 어떤 상황에서 예를 들면 아침에 자동차 접촉 사고가 난 일, 출근 시간에 버스를 놓쳐 버린 일, 자녀가 아침밥을 안 먹고 나간 일 등 그 상황에서 자신이 들었던 생각과 감정을 기록하고, 스스로 '왜?'라는 질문을 던지게 된다. '그때 그렇게 화낼 일이 아니었어…'가 아니라 자기 생각과 감정을 모두 인정하고 받아들이는 것이 중요하다. 기록을 하면서 '그럴 수 있었겠구나'라는 생각을 리마인드하며 자신의 감정을 알아차리게 된다.

기록한 감정일기를 읽으면 단순히 속이 답답하고 짜증이 나는 증상이 언제인지, 어떤 순간에 화가 났었는지, 화가 났다면 그 원인이 무엇이었는지를 볼 수 있다.

'나는 이럴 때 화가 났어', '나는 이것 때문에 화가 났어'

이렇게 스스로 화가 난 이유를 말하면서 자신이 어떤 상황일 때, 또 어떤 말이나 태도에 화가 났는지 이해하게 된다.

감정일기를 적다 보면 자신에게 이런 생각, 이런 감정이 들어 힘들구나 하며 자신의 마음을 의식하게 된다. '나는 매번 왜 이런 방식으로 말했나?', '그 행동이 나에게 도움이 되었나?', '진정으로 내가 원하는 행동이었나?' 스스로에게 질문하다 보면 자신이 스트레스를 어떤 방식으로 대처하는지 패턴을 알게 된다. 조금 더 깊게 들어가면, 과거에 미해결된 감정과 상처가 현재에도 영향을 주고 있다는 것도 인식하게 된다.

내담자는 감정일기를 기록하면서 자신을 괴롭혔던 증상들이 조금씩 나아지고 있다고 하였다. 그는 머지않아 직장에서 조직 개편이 있는데, 몇 달 전부터 전혀 무관한 부서로 갈 것 같은 예감이 들어 일도 손에 잡히지 않고 시간만 가는 게 견디기 힘들다고 고백했다.

외부에서 일어난 사건을 해결하지 않고 가족에게 투사하고 있었다는 것도 알아차렸다. 부정적 생각이 드는 순간 스스로 브레이크를 걸 줄 알게 되면 자신의 감정을 조절할 수 있게 된다. 그는 가족에게 사과할 수 있었고 자신의 이야기를 솔직하게 털어놓았다.

살아가면서 우리는 이유도 모르는 나의 분노들이 내 안에 수놓으며 달려들 때가 있다. 그 분노는 다른 여러 감정과 마찬가지로 나에게 반응한다. 좋은 에너지 혹은 부정의 에너지로. 이 모든 반응은 당연하고 자연스러운 감정이다. 하지만 가끔 부정의 에너지, 곧 분노는 나에게 불편한 감정으로 깊이 파고들어 몸 안에 울려 퍼진다. 외부 세계와 자아가 충돌하면서 일어나는 공격성이다. 다른 사람에게 조롱하고 짜증을 부리며 화를 표출한다. 공격성은 자신도 힘들고 다른 사람을 곤란하게 만든다. 자신에게 처한 상황이 두렵고 불안하기만 하다. 그때그때 부정적 에너지를 분출하지 못하고 쌓아 두면 병이 되기 때문이다. 무의식적으로 그 감정에 계속해서 에너지를 쓰고, 이런 행동을 반복하게 되면 무척 사소한 일임에도 더는 억누를 수 없는 상태가 되어 신체적 증상으로 나타나기도 한다.

그럼 어떤 방법으로 화를 표현하고 해소해야 할까? 앞서 감정일기에서 기록해 본 것처럼 내가 '왜', '어떻게' 화가 났는지를 알아차리고 자신의 감정을 인정해 주고 지금보다는 더 건강한 방식으로 표현해야 한다. 화는 숨긴다고 사라지지 않는다. 자신의 감정을 쌓아 두지 말고 그때그때 말로 표현해 보자. 그래야 자신 또는 주위 사람들에게 짜증 내지 않고 화풀이하지 않게 된다. 배우자, 친구, 동료, 전문가 등 누구라도 자신이 편하다고 느끼는 사람에게 속마음을 드러내 이야기하자. 부정적인 에너지도 먼저 나의 감정으로 받아들이고 자유롭게 발산하자. 모든 감정에는 다 이유가 있다.

화가 나는 과정에서 어떤 생각과 어떤 마음이 들까요?

"언제 화가 나나요?"
"엄마가 나한테 잔소리할 때 화가 나요."
"어떤 상황인데요?"
"친구한테 문자만 해 놓고 공부하려고 했는데 야단칠 때요."

"언제 화가 나나요?"
"운전할 때 화가 많이 나요."
"어떤 상황인데요?"
"내 앞에 끼어들기 하는 차, 클랙슨 울리는 차를 보면
 화를 참지 못해요."

"어떨 때 화가 나요?"
"날 무시하는 눈빛으로 나를 본다고 생각하면 화가 나요."

"어디서 화가 나나요?"
"퇴근하여 집에 왔는데 차려놓은 음식 손도 안 대고
 이것저것 시켜 먹은 거 보면 불같이 화가 나요."

분노는 이런 식이다. 하지만 한번 곰곰이 생각해 보자. 살아가며 당연히 일어나는 일들이지 않은가. 자신에게 조금만 너그러워진다면 말이다.

화를 잘 내고 폭력적인 사람을 좋아할 사람은 어디에도 없다. 자기 안의 화를 제대로 표현하지 않고 계속 분노한다면 사회에서도 가정에서도 삶의 만족도는 현저히 떨어진다.

"나는 당신이 아침에 보낸 메시지에 화가 났어요."
내가 무엇 때문에 화가 났다는 걸 상대에게 알리고 되도록
빨리 푸는 방법을 찾아야 한다.
"그래서 당신이 화가 났군요.
난 그런 뜻으로 보낸 게 아니었는데….
정말 미안해요."

우리의 감정은 시시때때로 요동친다. 서로 화가 났을 때 그 심정을 먼저 알아 주고 수용해 준다면 분노도 자유롭고 건강하게 발산할 것이다.

① 당신의 자녀가 화가 났을 때는 옆집 아이라 생각하고 위로해 주는 마음을 갖자.
② 운전할 때 갑자기 끼어든 차에 당황했을 때 '얼마나 화장실이 급했으면' 하자.

③ 가끔 날 천둥 치게 하는 사람이 있다면 '그는 마음이 아픈 사람이잖아'라고 이해하자.

④ 화난 사람 옆에는 적당한 거리를 두자.

⑤ 생각도 감정도 제어가 안 될 때는 침묵하자.

나도 모르는 내 마음도 있고, 시시때때로 불어오는 내 감정도 모를 때가 많다. 우리의 감정이 바람 같다는 생각을 해 본다. 바람은 공기의 흐름이다. 바람이 부는 방향에 따라 이름도 제각각이다. 잔잔하게 부는 산들바람도 있고 강바람, 들바람, 밤바람도 있다. 태풍을 만나면 폭풍 같은 강한 바람도 분다. 시원한 바람은 그냥 맞아도 좋지만 강한 바람은 미리 대비해야 한다. 풍랑을 만나도 방향키를 제대로 잡고 갈 곳을 정하는 선장이 있어야 한다. 우리의 감정도 마찬가지다. 평온할 땐 아무 문제가 없지만 출렁일 때 문제가 된다. 화, 분노, 미움, 원망 같은 감정들로 큰 바람을 일으킨다. 하지만 바람을 잡는 것도 결국 마음이다. 쌓아 두지 말고 그때그때 표현해야 강한 바람이 되지 않는다. 큰 바람은 자연에게도 사람에게도 버겁기는 마찬가지다. 그러니 우리 서로 감정을 말해요. 잔잔한 강물처럼 흐르도록 말이에요.

8

하루도 쉬운 날이 없었다

"당신이 만약 무언가를 쉽게 설명할 수 없다면, 그것을
이해하고 있다고 말할 수 없다."

- 아인슈타인 -

어버이날 제작한 어느 영상 속에서 엄마 이름을 부르며 딸이 엄마
에게 물었다.

"OOO 님, 저의 엄마로 살아온 OOO 님의 인생은 어떠했나요?
힘들지 않았나요?"

한참 후 어머니는 대답했다.

"힘들었다. 하지만 너의 엄마로 살아온 인생이어서 행복했다."

순간 나도 모르게 눈물이 핑 돌았다. 가슴이 먹먹해지고 흐르는 눈물은 멈춰지지 않았다. 엄마가 떠올랐기 때문이다. 팔순 잔치를 해 드리는 날 엄마는 자식들에게 말했다.

"나는 이제 여한이 없다. 너희들처럼 우애 좋고 속 안 썩이고 이렇게 잘 자라 주었는데 이만하면 되었다." 하셨다. 어려운 환경에서 8남매를 키워 내느라 하루도 편할 날이 없었다는 사실을 너무나 잘 알기에 엄마의 말씀이 아린 통증처럼 느껴졌다. 그날 하루만이라도 엄마에게 평온한 날이기를 바랐다.

"힘들었다."라는 영상 속 이 한마디는 엄마의 속마음을 꺼내 보는 것 같아 한없이 맘 한구석이 아프고 저렸다. 나의 엄마도 똑같은 대답을 하지 않을까?

"힘들었다…." 이 말 속엔 수많은 감정과 여러 갈래의 모정이 겹겹이 담겨 있었을 것이다. 자신의 이름이 아닌 누군가의 엄마로 살아낸 여자의 일생은, 어쩜 모든 날이 힘겨웠으리라. 당신의 오랜 관절염보다 갱년기에 들어선 딸의 불면에 더 고통스러워하고, 공부에 지친 수험생 손녀의 하루를 더 안쓰러워하신다. 한없는 사랑을 주면서도 늘 미안해하시는 세상 모든 어머니의 이런 속마음을 충분히 알기에 가슴이 더 미어진다. 그런 우리의 엄마를 미처 다 알기도 전에 엄마라는 명함을 들고 나는 살고 있다.

첫 아이를 낳고 모든 어머니는 위대하다고 소리치고 싶었고, 아이의 사춘기를 겪으며 엄마로 사는 것만큼 세상 어려운 일은 더 이상 일어나지 않을 거라고 외쳤다. 하지만 더 큰 일들이 줄지어 때를 기다린다는 사실은 미처 알지 못한다.

유치원에서 친구와 말다툼을 하고 돌아온 일곱 살 꼬마 친구는 "선생님, 세상에 쉬운 게 하나도 없어요." 하면서 긴 한숨을 짓는다. 아이는 아이대로 어른은 어른의 나이만큼 어려운 게 인생인가 보다.

하루도 쉬운 날이 없었다는 말은 살아 냈을 때 비로소 할 수 있는 말이다.

미국의 정신과 의사인 아브라함 트워스키 Abraham Twerski 는 그의 강연에서 바닷가재의 성장을 언급하였다. 갑각류인 바닷가재는 여러 차례의 탈피 과정을 거치면서 성장하게 된다.

본래 바닷가재는 연하고 흐물흐물한 동물인데 아주 딱딱한 껍데기 안에서 산다. 딱딱한 껍데기는 절대 늘어나지 않는다고 하는데, 그렇다면 바닷가재는 어떻게 자랄까?

바닷가재는 자랄수록 껍데기가 점점 더 그들을 조여 오는데, 이때 바닷가재들은 압박을 받고 아주 불편한 상황에 놓이게 된다. 생태계에 적자생존이 있듯이 그들은 포식자를 피해 더 깊고 안전한 바위 밑으로 들어간다. 그곳에서 자신의 껍데기를 버리고 새로운 껍데기를 만드는 탈피 과정을 겪는다. 하지만 또다시 자라면 새 껍데기도 불편해진다. 그러면 또다시 바위 밑으로 들어가 이 과정을 셀 수 없이 반복한다. 탈피를 반복하면서 껍데기도 단단해지고 무거워져서 탈피가 힘들어질 수 있다. 실제로 매년 10~15% 정도의 바닷가재들이 탈피하는 과정에서 죽거나 스스로 껍데기를 벗을 수 없게 되면 자연사한다다. 살기 위해 딱딱한 외피를 벗어야만 하는 '바닷가재'의 일생이다.

인간도 마찬가지다. 우리 몸이 안전하다고 느끼지 못한다면 서둘러 그곳을 피해 안전한 곳으로 자신을 피신시켜야 살 수 있다. 살아간다는 건 모험이다. 우리 앞에 어떤 위험이 닥칠지 아무도 알 수 없다. 그 어떤 위험과 낯선 변화에도 불구하고 앞으로 나아가야 하는 것이 인생이다. 바닷가재는 탈피하며 성장하고, 인간도 고통을 극복하며 성장한다.

세상에 살아 있는 모든 생명체에 이유가 있는 것처럼 각자 살아내기 위한 몸부림을 한다. 새는 알에서 나오려고 투쟁하고, 매미는 우렁찬 소리를 내기 위해 약 7년을 어두컴컴한 땅속에서 투쟁한다. 시도 때도 없이 울어대는 매미 소리가 때론 시끄러운 소음으로 들리기도 하지만, 매미의 일생을 알면 한여름 뙤약볕 아래에서 목청을 놓아 울부짖는 그들의 소리가 얼마나 처절한 생존의 몸부림인가를 짐작할 수 있다.

매미는 땅속에서 길게는 7년 정도를 애벌레인 유충 상태로 나무뿌리의 수액을 먹고 자라다가 땅속에서 나와 성충이 되기 위해 나무 위로 올라간다. 천적이 없는 저녁 시간에 번데기 상태에서 2~6시간의 탈피 과정을 거쳐 2쌍의 날개를 달고 성충이 된다. 드디어 기다림 끝에 매미는 허물을 벗지만 살아갈 시간은 짧다. 짝이 오기를 기다리며 절박한 매미의 노래를 끝으로 짝짓기에 성공하고 자연으로 돌아간다.

번성과 번식을 위한 자연의 현상이지만, 한평생을 준비하고 그 찬란한 20일을 위해 불꽃 같은 생을 사는 매미. 오랜 천적으로부터 자신을 보호하고 지켜내며 삶과 죽음을 넘나든다. 고행이 아닌 인생이 어디 있으랴. 누구에게나 어둠 속 인고의 시간이 있는 것처럼 조금 더 인내하며 살아야겠다.

유홍준 님의 〈우는 손〉[4]이라는 시에서 아이에게 매미를 손에서 놓아 주지 않으면 "평생 우는 손으로 살아야 한단다."라고 한 구절이 지금 더욱더 가슴에 절절히 와 닿는다.

나무들 사이로 보이는 저 맑고 깨끗한 파란 하늘을 바라보며 오늘 그 자체에 기쁨을 느껴 보려 한다. 산책길에서 만나는 풀 한 포기에도 생명의 의미를 담아 아름다운 눈으로 바라보자. 살아내는 모든 순간이 기적이라고 말할 수 있을 것이다.

---

4) 유홍준, 2013, 《북천-까마귀》, 문학사상사, p.33

5

나는 죽을 때까지
재미있게 살고 싶다

1

웅크린 채 버텨야 하는 줄 알았다

"사랑했던 시절의 따스한 추억과 뜨거운 그리움은
신비한 사랑의 힘으로 언제까지나 사라지지 않고 남아
있게 한다."

- 그라시안 -

겨울이 되면 어머님의 밥상에는 늘 미더덕 된장찌개가 보글보글 끓고 있었다. 아이들 겨울방학이면 어김없이 어머님 댁에 머물곤 했는데 그때마다 어머님은 지극히 토속적인 음식으로 우리의 입맛을 경이롭게 만들어 주었다. 된장을 살짝 넣어 무친 봄동, 깨소금이 듬뿍 들어간 시금치나물, 된장국 한 스푼 넣고 무친 어린잎 상추 겉절이로 차려진 소박한 밥상은 임금님의 수라상도 부럽지 않았다. 제철 음식이 보약이라며 철마다 택배 상자는 우리 집 현관 앞에 도착한다. 신문지로 싼 두릅부터 직접 담그신 오이지, 마늘장아찌 등 온갖 종류의 꾸러미가 펼쳐질 때마다 콧잔등이 시큰거린다. 우리 자식들 맛나게 먹을 거 생각하면 하나도 힘들지 않다고 하시며 더 보내지 못한 걸 안타까워하셨다. 어릴 때 이미 어머님의 손맛에 길들여진 아이들의 식성은 그래서 시골스럽다. 반찬 투정 하나 없이 자란 아이들의 식성은 모두가 어머님 덕분임이 틀림없다. 가끔 할머니가 후루룩 끓여 주시는 된장국이 먹고 싶다는 딸을 위해 밥상을 차리면 모두 놀라워한다. 아마도 제대로 전수받은 모양이다. 얼마나 다행스러운지 나 자신이 대견하다.

처음으로 시어머니께 인사를 드리던 날 어색하기만 한 예비 며느리를 위해 어머님은 손수 누룽지를 끓여 주셨다. 긴장한 탓에 속이 불편한 내게 김치도 아주 잘게 썰어 주셨던 어머님은 참으로 소박하고 정갈한 분이었다. 팔순이 넘어 병원에 입원하게 되었는데, 어깨에 금이 가고 고관절이 너무나 약해져 있었다. 의사 선생님은 병원에 왜 이제 모시고 왔냐고 우리를 나무라셨다.

어머님은 당신의 몸이 망가져도 한 번도 내색하지 않으셨고 "괜찮다. 나는 괜찮다." 했다. 수술하고 휠체어에 의존해야만 했던 어머님은 더는 걷지 못했다. 그렇게 고단한 몇 해를 넘기며 사랑만을 덩그러니 남기신 채 눈꽃이 세차게 흩날리던 날 어머님은 우리의 곁을 떠났다. 어머님의 며느리로 누렸던 모든 것이 최고의 선물이었고, 세상에서 만난 인연 중에 가장 포근했던 어머니의 품이었다.

"부모가 자식을 열 번 생각할 때 부모 생각 한 번이라도 하는 자식은 효자다."라는 말이 애절하게 사무치는 밤이다. 사람을 그리워하는 건 그가 지금 내 곁에 없다는 것이고, 여전히 그립다는 건 내 마음속에

영원히 함께 있다는 것이다. 앞마당에 눈이 쌓이기 시작하면 어머니는 장독대에 다녀오신다.

"집 안 치워도 괜찮아요. 엄마 눈에만 지저분한 거예요."

정리 정돈을 잘하는 것도 아니고 나를 만든 수많은 세포를 아무리 훑어봐도 정돈과는 거리가 멀다는 걸 안다. 그런 탓인지 평소에 유난 떨지 않고 무던한 나지만 더는 집 안 꼴이 아니다 싶어질 때 버릇이 나오고 만다. 한 번씩 치고 나오는 이 버릇은 집 안을 시끄럽게 하고 나를 당황케 한다. 바로 쓸고 닦고 치워야 한다는 것.

문제는 아무리 큰맘 먹고 집 안을 말끔히 치워도 3일이 유지되지 않는다는 거다. 이 버릇 때문에 제일 큰 피해자는 바로 나였다. 몸을 쉬게 안 둬 고질병이 다시 고개를 든 것이다. 내 탓이다.

집 안을 정리할 때 가장 먼저 해야 할 일은 비워내기임을 이제는 안다. 아무리 정돈을 하더라도 비워내기가 안 되면 다시 그 자리에 물건은 또 쌓이게 되고, 치워도 치워도 도로 아미타불이다. 불필요한 물건을 먼저 덜어내는 일이 집안일의 피해를 줄이는 방법이라고 생각한다.

가족들의 따가운 잔소리를 들으면 내가 이리 피곤하게 사는 사람이란 걸 새삼스레 깨닫게 된다. 연중행사가 마무리되어 안도하기도 전에 그 사이 새로운 계획을 밀어 넣는 격이다. 우리가 자주 범하는 불필요한 것에 집착하려는 태도에서 비롯된다. 조금 비워져도 덜 차있어도 그 공간을 여유로 느낀다면 스스로 집착하는 부질없는 것으로부터 해방될 수 있을 것이다.

나는 걸으며 기도를 한다. 부질없는 것으로부터 오늘 하루 해방되었는지, 아니라면 계속 걷는다. 걸으며 비워 낸다. 집착으로부터 미움으로부터 욕심으로부터 내려놓는 기도를 한다. 물론 내 기도가 늘 이뤄지진 않는다. 하루는 절반 또 하루는 삼 분의 일, 어떤 날은 생각만 하다 돌아오기도 한다. 하지만 걸은 만큼 내 인생이 된다. 여전히 불안지수가 높지만, 걱정을 덜 하게 되었고 나에게 여유로워졌고 무엇보다 몸이 건강해지고 있다. 불필요한 곳에 에너지를 낭비하지 않기 위해 오늘도 여전히 나는 걷는다.

사는 동안 집착으로부터 벗어나 재미있게 살고 싶다.

2

아주 특별한 선물이 나라는 것을

인생은 길다. 다만, 낭비하는 시간이 많아서 빠른 것처럼 느껴질 뿐이다. 한꺼번에 많은 걸 해내다 보면 쉽게 지쳐 포기하게 된다. 하루에 한 가지씩만 정해 시작해 보자. 할 수 있는 일부터. 예를 들면, 딱 하루만 웃으면서 살아 보는 것이다. 거창하지 않아 부담이 없다. 아침에 일어나 웃고, 누굴 만나도 웃고, 하루를 몽땅 웃으면서 지내본다. 웃어 보니 내가 기분이 좋아진다. 화낼 일도 줄어들고 내가 웃으니 상대방도 덩달아 웃는다. 이렇게 하루를 웃어 보니 다음날도 웃게 되고 내일도 웃게 되는 거다. 누가 시켜서가 아니라 내가 좋으니까 하는 거다. 하루만 다르게 살아도 인생은 달라질 수 있다고 했다. 항상 잘 웃고 친절을 베풀고 다른 사람으로부터 좋은 본보기가 되는 사람은 태어날 때부터 타고난 게 아니라 부단히 노력했기 때문이다. 그 노력이 그 사람을 만든 것이다. 내가 행복해야 모두가 행복하다는 말은 진리다.

"내가 행복하면 모두가 행복하다."

나의 강의는 이 첫 문장으로 시작된다. 공공기관이나 학교, 군부대에서 감사 강의가 꾸준히 의뢰되고 있는 건 아마도 감사라는 주제가 그만큼 사람들에게 파급력이 크기 때문일 거라는 생각이 든다. 내가 '감사'를 만난 건 몇 해 전 지인의 초대로 감사 워크숍에 참석했을 때였다. 평소 고마움도 잘 표현하는 편이고 붙임성 있는 성격이라고 자부해 이번 교육은 즐거운 힐링이 될 거라고 생각했다. 하지만 예상과는 다르게 곳곳에 장애물이 생겼다. 교육 중 미션이 주어질 때마다 고민이 되었다. 표현력이 좋다고 자부하는 나는 지금껏 잘 안다고 여겼던 나의 친화력에 좌절했다.

옆 사람의 칭찬을 찾아내는 일, 먼저 다가가 친절을 베푸는 일 등 평소 어렵게 생각하지 않았던 것들이 실제 상황에서는 만만치 않다는 걸 알았다. 자발적으로 어떤 행위를 한다는 게 말처럼 쉬운 일이 아니었다. 미국의 심리학자인 소냐 류보머스키 Sonja Lyubomirsky는 그의 책 《How to be happy》에서 "행복도 연습이 필요하다."라고 강조하였다.

행복 연습이란 먼저 친절을 베풀고 착한 일을 하는 것, 칭찬과 격려를 아끼지 않는 것, 감사 편지 써 보기, 용서하기 등 스스로 의도적 활동을 하려는 행동을 말한다. 의도적 활동이란 인간이 목적을 설정하고 설정된 목적을 달성하고자 노력하는 활동이다. 행복해지려면 내가 먼저 누군가에게 선한 행위를 하게 될 때 스스로 행복을 만들어 낼 힘을 갖게 된다는 것이다. 먼저 한다는 말은 자발적으로 한다는 의미이다. 나의 불편함을 감수할 때 행해진다는 뜻이다.

부담 없이 참여한 교육이 어느새 무거운 가방을 맨 것처럼 불편했다. 휴식이 아니고 노동이었다. 이렇듯 감사는 내게 어렵게 다가왔지만 먼저 옆에 앉은 동료에게 감사를 찾아 전하기 시작하니 감사가 감사를 부른다는 말을 실감했다. 어느덧 교육장에 감사 열기가 가득 찼다.

오프라 윈프리Oprah Winfrey의 《내가 확실히 아는 것들》[1]에 실린 감사일기를 참고하여 자신만의 감사일기를 쓰면 도움이 된다.

- 오늘도 거뜬히 잠자리에서 일어날 수 있어서 감사합니다. 어제와 똑같은 매일 반복되는 아침을 맞이한다는 건 축복이다. 오늘 아침 눈을 뜨지 못했다면 지금 우리는 세상에 존재하지 않는다. 건강하게 살아 있음에 감사이다.
- 눈부신 파란하늘을 선사해 주셔서 감사합니다. 자연에 대한 감사이다. 특히 사계절을 누릴수 있는 나라에 태어난 걸 어찌 감사하지 않겠는가? 자연 만물에 대한 감사이다.
- 점심때 맛있는 식사를 할 수 있어서 감사합니다. 먹거리에 대한 감사이다. 먹지 못한다면 살아갈 수 없듯 우리 식탁으로 오기까지 수많은 이의 노고에 감사함이다. 얼마나 많은 감사가 떠오르는가.
- 얄미운 행동을 한 동료에게 화내지 않고 참을 수 있었던 나에게 감사합니다. 인간관계에 대한 감사이다. 세상을 혼자 살아갈 수 없듯 사람과의 관계에서도 성숙해져야 한다. 불편한 감정을 거르지 않고 그대로 쏟아내면 누가 옆에 남아 있겠는가? 지금 잘 살아내고 있는 자신에게 다독이는 감사이다.

---

1) 오프라 윈프리 저 · 송연수 역, 2014, 《내가 확실히 아는 것들》, 북하우스, p.p 103-104

• 좋은 책을 읽었는데 그 책을 써 준 작가에게 감사합니다. 우리
는 책 속에서 얼마나 많은 스승들을 만나고 있는가? 우연히 펼
친 한 페이지에 심금을 울리고 힘겨울 때 만난 인생 문장에서
나를 일으켜 세운다. 지식의 보고에 대한 감사이다.

감사가 거창하거나 화려하지 않고 일상적인 거라는 걸 알게 된다. 눈
을 뜨는 순간부터 지금 살아 숨 쉬고 있는 나로부터 감사가 시작된다는
것이다. 그녀는 한 줄이라도 좋으니 매일 쓰는 게 중요하다고 강조했다.

감사 강의를 시작한 지 어언 5년을 훌쩍 넘겼다. 지금 와 돌이켜보
니 감사를 만나게 된 건 내게 아주 특별한 선물이라는 생각을 하게
된다. 그만큼 감사가 주는 의미는 내 인생에 커다란 전환점이 되었다.
교육이 끝날 즈음 2년 후 자신의 감사를 미리 적어 멀리 날려 보내는
것으로 교육은 끝났다.

세상일이란 모르는 것투성이다. 감사를 알고 난 후 나는 매일매일
'5감사'를 썼다. 금방 포기할 거라 예상했던 강사님이 밴드를 만들어
주신 덕분이었다. 그곳에서 우리는 매일 기록을 했다. 먼저 올라온 감
사를 보며 서로에게 응원과 지지를 보냈다. 혼자라면 할 수 없는 일
들도 함께하면 가능했다. 태어나서 뭔가를 꾸준히 해 본 경험이 언제
였던가? 아무리 기억을 더듬어도 딱히 떠오르지 않는다. 매일 감사
를 쓰면서 드는 생각이 같은 길을 걸어도 다른 세상이 보이고, 그냥
지나쳤던 산책길이 얼마나 아름다웠는지 마음을 열어야 감사를 발견
한다는 걸 알게 되었다. 감사를 만나니 감동이 따라왔다. 그러므로

감사가 감동이고 감동이 감사였다.

어느 날 문득 내가 쓰는 일상의 이 감사를 다른 사람에게 나누고 싶다는 생각이 들었다. 왜냐하면 감사를 만나고 내 삶이 변화를 보였기 때문이다. 불만이 줄어들었고 다른 사람을 대하는 태도가 너그러워지는 걸 느꼈다. 특히 남편과 아이에게 짜증을 덜 내는 나 자신이 놀라웠다. 아마도 그들이 더 놀라지 않았을까?

감사가 기록으로만 묻히기엔 너무 아쉬웠다. 이 감사를 읽으며 다른 사람들도 당연한 일상의 기쁨을 누렸으면 하는 바람이 커졌다. 실제로 감사를 쓰면서 어느 날 '내가 쓰는 이 5감사가 책으로 출판되기를 바랍니다'라는 문장을 넣었다.

세상일은 정말 알 수 없다.

어느 모임에서 지인이 내게 물었다. "요즘 어떻게 지내세요. 임 선생님!"

"저는 요즘 감사 쓰기를 하며 살아요, 그런데 이게 너무 좋아요. 이 감사 쓰기가 책으로 나왔으면 좋겠어요."라고 대답했다.

"그래요? 그럼 제가 출판사를 소개해 드릴까요?"라고 제안해서 대표님 미팅을 하고 원고를 보냈다. 그 후 에세이로 냈으면 좋겠다는 출판사의 메일이 왔다.

그렇게 해서 《아주 특별한 선물 감사》라는 제목으로 책이 세상에 출판되었다. 감사 교육 중 미리 감사를 날려 보낸 종이비행기 안에는 "2년 후 이곳에서 감사 강의를 하고 있을 미래의 나에게 미리 감사합니다."라는 문구를 적었다는 사실을 기억하고 찾아냈을 때는 소름이었다.

생로병사의 비밀에서도 감사를 다루며 전국에 감사가 열풍이었다. 당연히 감사를 실천하고 그 경험으로 책이 나왔으니, 나는 어느새 감사 강의로 여기저기 불려 다니고 있었다. 감사 교육을 접하고 2년이 지나지 않아 일어난 일들이다. 감사는 이렇게 내 인생을 바꾸는 소중한 경험으로 특별한 선물이 되어 있었다.

무언가를 꿈꾸고 그것이 이루어지기를 간절히 바란다면, 내 몸을 일으켜 행위를 할 때 이루어진다. 나는 단지 매일매일 5감사를 썼을 뿐이다. 우주는 거대한 힘으로 우리를 이끌어 준다. 그냥 이룰 수 있는 일은 세상에 없고 당연한 일을 해내는 것이 인생이란 생각이 든다.

강의를 마치고 돌아오는 길에 감사 편지를 많이 받는다. 알록달록 글자들이 감사를 만나 춤을 추는 듯하다. 지나온 인생이 다 고맙기만 하다는 어르신의 이야기는 나를 그리운 할머니에게 데려가 주었고, 50대의 한 수용자는 참회의 편지를 어머니에게 보내고 결국 화해의 문을 열었다는 기쁜 소식을 전해 주었다.

군대 간 아들이 보내온 30 감사를 받고 다리 쭉 펴고 잔다는 엄마의 기분 좋은 따뜻한 글도 기억난다. 헤아릴 수 없을 정도의 감사가 가슴에 차곡차곡 쌓인다. 훗날 곶감처럼 꺼내 먹어야겠다.

《감사의 힘》 저자 데보라 노빌Deborah Noville도 "매일 감사한 일을 세 가지만 적어 보면 과거의 불행한 나로부터 탈출할 수 있다."라고 말했다. 지금 숨 쉬고, 보고, 느끼고, 만질 수 있는 동작 하나하나가 얼마나 감사한 일인지 알아가는 과정이 되길 바란다.

3

인생의 아름다운 변주곡, 사랑

인생을 살다 보면 아플 때도 많고 눈물 날 때도 많다. 어디 나뿐이 겠는가. 지나온 삶을 돌아보며 내린 결론이 이제 조금 덜 아프게 살고 조금 덜 슬프게 살자는 것이다. 한순간만을 위한 열정은 인생을 쉽게 지치게 하고 허무함이 몰려온다. 이러지도 저러지도 못하고 서성이는 날이 부지기수다. 우리의 욕망은 채워도 채워도 채워지지 아니하는 '불영배'와 같다고 했다.

소설 《상도商道》에 불영배不盈盃가 등장한다. 채워도 채워도 채워지지 아니하는 잔을 말하는데, 이는 인간의 욕망을 표현한 것이라고 한다. 누구나 자신에게 부족한 부분을 채우려는 욕망은 인간의 심리다. 하지만 과한 욕망은 밑 빠진 독에 물 붓기처럼 어리석은 짓인 걸 아직 모르기 때문이다.

어느 날 내게 물욕이 없어진 걸 알았다. 대단한 사치를 말하는 건 아니지만, 특정한 물건을 구매할 때 필요한 것 하나만 사면 될 텐데 꼭 욕심을 부린다. 디자인이 마음에 들면 크기대로 다 고르고, 스타일이 맞으면 색깔별로 다 사야 한다. 허기진 아이가 엄마 젖을 급하게 찾는 것처럼 우선 주워 담고 본다. 실은 그중에 한 가지만 자주 입고 자주 쓰게 되지만, 번번이 내 안의 욕망이라는 이름을 가진 물욕을 버리지 못했다.

이런 나를 보며 딸은 체념한 듯 말했다. "엄마 저번에 산 거 포장도 뜯지 않았어요. 하지만 맘대로 하세요." 실은 이 말은 철부지 엄마를 더는 다그치지 않겠다는 딸의 방관 선언이었다. 딸의 의미 있는 방관은 엄마를 눈칫밥 먹게 하는데 특효약이었다. 뭐 하나를 사도 되려 이것저것 물어보는 꼴이 되었다. 스무 살 넘은 딸이 엄마의 물욕을 잠재웠다. 나도 어른인데 생각을 좀 했던 게요. 다행히 내 안의 소비 욕구는 줄어들고 욕망의 거친 불안도 조금씩 옅어지게 되었다.

나에게 중요한 가치를 두는 합리적 소비로 바뀌니 그다지 필요한 게 많지 않았다. 더구나 그 물건이 지금 당장 필요한가를 따져 보니 사야 할 마땅한 이유도 없었다. 살림을 해 보니 불필요한 물건을 쌓아 두는 게 얼마나 신경이 쓰이는 일인지 알게 된다. 쌓인 물건으로 피로한 일을 만들지 않는 것이 여러모로 이득이 된다. 두 손 가득 들어야 할 짐들이 많지 않아 손이 가벼워지는 요즈음이다. 물욕은 줄어들고 마음은 편안해졌다. 인생을 재미있게 사는 방법을 하나 더 찾은 셈이다.

나에겐 소녀 같은 구석이 많다는 걸 안다. 유년 시절 시골에서 자란 덕분에 자연을 통해 저절로 감성이 키워졌다고 믿는다. 들판을 누비고 온몸으로 덥고 춥고 시원하고 따뜻한 사계절의 절기를 받아내면서 마음에 날이 서지 않고 자랄 수 있었다. 시골은 나에게 더없이 좋은 기억이고 추억으로 나의 성장의 뿌리가 되었다.

내게 소녀 같은 감성이 여전히 살아 있는 건 순전히 시골에서 자란 따뜻함의 원천이 있었기 때문이라고 믿는다. 그래서 나를 잘 아는 친구들은 여전히 "넌 아직도 소녀구나!"를 외치나 보다. 감성이 풍부한 사람에게 마음이 더 간다. 정서적 친근함을 더 느끼기 때문일까? 좋아하는 가수의 노래를 플레이 리스트에 옮기다 보면 유난히 같은 취향만 고집하게 된다. 그래서 취향 저격이란 말이 있나 보다.

나는 아이유를 좋아한다. 그것도 아주 많이 좋아하고 아끼고 사랑하는 가수다. 그녀의 노래를 들으면 왠지 모를 정다움이 먼저 자리한다. 아이유는 '너와 내가 음악으로 하나가 된다'라는 뜻을 가지고 있다는데 이름도 그녀를 꼭 닮았다. 사람들은 왜 그녀에게 열광할까?

이종훈 작곡가는 "아이유의 장점은 정말 확실해요. 자기가 내는 소리의 미세한 변화에 대해서 완벽하게 알고 있고, 완벽하게 들을 줄 알아요. 그게 왜 기분이 좋은지도 알고. 그것에 대해서 생각을 할 줄 알죠. 주위 사람들의 말 한마디 한마디도 그냥 넘기지 않고 다 기억하고, 저 사람은 저렇게 생각하는구나. 저 사람은 성향이 이렇구나. 완벽하게 듣고 표현할 줄 아는 아티스트죠. 조그마한 숨소리, 작은 밴딩, 소리의 크고 작음, 톤, 목소리의 표현 모든 것을 자기가 왜 이렇게 부르는지 정말 한 음절 한 음절 다 알아요." 이렇게 말했다.

또 선배 가수 김동률은 아이유의 리메이크 앨범 "꽃 갈피"를 듣고 "아직 어린 나이인데 이렇게 노래를 부를 줄 알다니…. 이 곡들의 정서를 다 이해했단 말인가?" 이런 찬사도 찾아보았다.

그녀는 천재인 게 확실하다. 이런 그녀였구나! 그녀의 노래는 슬프지만, 왠지 따뜻함이 전해오고 아프지만 다정하게 마음을 열게 한다. 어떤 날은 반짝반짝 유리알 소리를 내기도 하고, 어떤 날은 예쁘고 사랑스럽기만 하다. 어린 소녀가 성장기를 겪어 내며 성숙해 가는 시간 여행 속을 함께할 수 있다는 건 참 축복이다. 그런 그녀를 만난 나도 행운임이 틀림없다. 같은 시대에 머물러 있음에 감사하다.

그녀보다 한참 어른이면서 그녀의 노래로 위로를 받은 날이 많다. "이름에게", "밤 편지", "마음" 등은 상담 과정에서 실제 음악치료 접근으로 학생들에게 큰 울림을 준 좋은 곡들이다. 그녀를 만날 수 있다면 두 손을 잡고 고마움을 꼭 전하고 싶다.

22세의 그녀는 "무릎"이란 곡을 발표하면서 "제가 직접 작사, 작곡했던 곡인데, 저의 자작곡이자 제가 나중에 세상을 떠나게 되었을 때 제 대표곡으로 남았으면 좋겠는 곡이에요. 제가 밤에 잠을 잘못 자는데 어느 날…. '왜 내가 잠을 못 잘까?', '내가 가장 자연스럽게 까무룩 잠이 들었던 때는 언제일까?' 생각했어요. 어릴 때 할머니가 저를 키워 주셨거든요. 저희 할머니가 무릎에 눕혀서 머리를 사라락 넘겨주실 때가 제일 꿀잠을 잤던 때가 아닌가…. 그래서 할머니의 무릎을 생각하면서 쓴 가사예요. 노래를 부르다 보면 엄청 많이 부른 노래인데도 공연 때 가장 많이 울컥하기도 하는 곡이고, 부르면서 몰입이 많이 되죠. 눈을 항상 감고 불러요."

"무릎"이란 노래는 불면증이 심한 아이유가 잠을 잘 잤던 어린 날을 회상하며 쓴 곡이라는데, 나도 이 노래를 들으면 정다웠던 할머니가 너무나 그리워진다. 같은 감성으로 만나는 지점이기도 하다. 이게 내가 아이유를 좋아하는 가장 큰 이유다. 우리는 성장하는 사람을 좋아할 수밖에 없다.

감성은 사람의 마음을 움직인다. 많은 사람이 그녀의 음악을 사랑하듯 나도 그녀의 찐팬이 된 지 어언 10여 년이 넘어간다. 그녀를 아끼고 응원하고 그녀의 음악을 즐기는 것으로 나의 작은 기쁨을 영원히 누리고 싶다.

지금도 나의 노래방 18번은 "좋은날"이다. 덕분에 살아 있음을 실감하며 주위 사람들의 시선을 한 몸에 받는다는 사실이다. 언제나 나의 플레이 리스트에서 사라지지 않고 한 자리를 굳건히 지킬 것이라는 확신은 10년 후에도 가능할 것 같다. 내가 재미있게 살 수 있는 두 번째 이유이다.

누군가에게 맞추려고 하지 말고
나대로 내 식대로
그저 있는 그대로
있는 모습 그대로
나로 살아갈 때
내 삶은 가장 행복할 수 있다.

4

결국 해답은 자신 안에 있다

"그분을 좋아하는 게 당연하죠. 재미있는 사람이니까요." 이렇게
말하는 걸 보면 그만큼 재미있는 사람을 사람들이 좋아한다는 얘기
일 것이다. 나도 그렇다. 인생에서 유머가 많은 사람을 옆에 두고 산
다는 건 유쾌한 일이다.

　재미에는 많은 요소가 들어 있다. 좋아하고 반기는 것, 일에 흥미
를 느끼고 유쾌한 사고방식을 갖는 것, 유머 감각이 있고 잘 웃어 주
는 것도 포함된다. 운이 좋게도 재미있는 사람들이 내 주변엔 많이
있다. 운동할 때 웃으며 먼저 다가와 주는 회원, 상담실 들어올 때 얼
굴에 웃음보따리를 가득 실은 아이들, 강의 중에 꼭 등장하는 적당
한 잡담가, 초면에 웃음으로 먼저 선물 주는 이, 만날 때마다 엉뚱해
포복절도하게 만드는 지인도 있다. 나도 가끔 재미있는 사람이란 말
을 들을 수 있는 건 이들이 내게 일조를 한 셈이다.

한번은 좋아하는 선배로부터 문자가 왔다. "오늘 너를 만나 일 년 치 웃음 다 웃었다. 내년에도 부탁해. 신난다." 우린 웃음 코드가 닮았다는 걸 알았다. 그 말은 내가 할 말이었으니까. 재미있는 사람이 되는 건 다른 사람의 위트에 웃음을 터트리는 것만으로도 충분하다. 뭔가 재미있는 걸 시도하려고 애쓰지 말고 웃는 순간을 잘 포착하는 감각을 발휘하는 게 좋다. 유연한 사고방식을 가져야 자신과 타인을 즐기게 할 수 있다. 나의 고정관념에 매이지 말고 유쾌하게 재미를 받아들이자. 나는 강의를 마치면 오늘 재미있었는지 없었는지 돌아본다. 강의는 쉬워야 한다는 주의다. 쉬워야 흥미가 생겨 재밌어지고, 재미 속에서 교육의 의미를 찾게 된다. 이것이 재미가 주는 교육의 묘미가 아닐까.

재미는 거저 오지 않는다. 내가 재미를 만들어 내기 위해 노력도 해야 한다. 주말 모임에서 있었던 일이다. 다들 월요일 출근할 생각에 편하게 즐기지 못했다. 직장에 나가기 싫다는 사람, 종일 환자 볼 생각에 우울하다는 사람, 불편한 상사나 직원 때문에 등등 결국 재미없다는 거였다. '배부른 소리 하네'는 뒤로 하고 학생은 학교 가기 싫고 직장인은 회사 가기 싫은 게 당연하다. 하지만 하기 싫은 일도 그 속에 숨어 있는 재미 요소를 찾도록 해 보자. 월급날이면 꼬박꼬박 통장에 돈이 꽂이는 것, 자신이 누군가의 삶에 희망을 품게 해 주고 있는 것, 인간관계에 치이면서도 나 자신이 성장하는 것, 내가 내는 소리만 듣지 말고 다른 소리에도 귀 기울여 내 귀로 담아 보려 하자. 자신만의 재미 찾기를 해 보자.

연구실을 오픈하고 드디어 내 공간이 생겼다는 뿌듯함이 매우 컸다. 작지만 내담자들이 오가고 그들과 함께한다는 기쁨은 말할 수 없었다. 주말이 되면 내일 출근해서 일할 생각에 무척 설레기도 했다. 일하는 게 아니라 놀이라는 생각을 했다. 나도 처음부터 그러진 못했다. 공부하며 힘들었고 임상에서 만나는 대상들이 너무 어렵기만 했다. 도무지 내 적성과는 거리가 멀게 느껴질 때도 여러 번 지나갔다. 그 과정들이 쌓여 어느새 내가 하는 일에 의미가 생기기 시작했다.

현장에서 부딪히고 깨지고 때론 때려치울까를 여러 차례 겪으며 "피할 수 없다면 즐겨라."라는 말이 진리란 걸 온몸으로 터득하고야 말았다. 재미있게 사는 법은 내가 찾는 수밖에 없다. 흥미, 재미, 의미를 발견하면서 말이다. 자신이 흥미 있는 일, 재미있는 일을 하다 보면 위에서 말한 의미는 자연스럽게 따라온다는 생각이다. 먼저 흥미가 발동해야 한다는 점이다.

몇 해 전부터 독서 치유 소그룹을 운영하고 있다. 리더를 포함해 8명이 한 권의 책을 선정해 일주일에 한 번 독서 모임을 한다. 처음 독서 모임을 시작했을 때가 생각난다. 야심차게 전문 서적을 고르고 마음공부를 하는 그룹으로 채우려 했었다. 하지만 기대 반 걱정 반으로 시작한 모임은 우려했던 문제가 그대로 드러났다. 처음부터 욕심만 앞선 것, 어려운 책을 고른 것, 연령층과 구성원이 다양하지 않았던 것이고 무엇보다 재미가 없어서였다. 이런저런 이유로 모두 떠나고 세 명만이 자리를 지켰다. 우리는 머리를 맞대고 다음 모집에 들어갈 문구를 찾았다. '책을 좋아하는 사람 누구나, 다만 한 권을 완독할 자신이 있는 분'으로 수정했다. 그 전에 책을 선정하고 공지했다.

독서 모임을 하면서 느낀 점은 꼭 장르를 제한할 필요가 없다는 것이다. 예를 들어, 시집을 선정해 시 짓기도 할 수 있고, 미술에 조예가 있는 분이 지도자가 되어 그림의 세계에 빠져들 수도 있다는 거였다. 우리는 몇 해 동안 세대를 불문하고 자유롭게 토론하고 즐겼다.

20대부터 60대까지 다양한 시각을 볼 수 있다는 커다란 장점이 세대 간 울타리를 해체했다. 독서를 한다는 것은 배를 타고 먼 곳을 항해하는 것과 비슷하다고 생각한다. 먼 곳으로 항해하는 배는 풍파를 만날 수밖에 없다. 그때 혼자보다는 누군가 함께한다면 헤쳐 나갈 방법은 더욱 많다.

독서를 한다는 것은 책을 읽는다는 것 이전에 내면의 치유를 준비하는 과정이 아닐까? 책 속에서 가려운 곳을 긁어줄 수 있는 누군가를 만나게 된다면 이보다 더 가슴 벅찬 일이 어디 있으랴. 재미있게 사는 법도 내 안에 해답이 있다는 걸 유념하기를 바란다.

"행복해지는데는 아주 작은 것 하나에도 충분할때가 있다.
한 줄기 빗소리, 반짝이는 아이들의 웃음, 별처럼 수놓은 강물의 고요함, 스치는 바람 , 바스락거리는 나뭇잎.
더할나위없이 아주 작은 것에서 순간 행복해진다.
그러고 보면 행복을 이르게 해주는 것은 아주 평범함속에 있다는 사실이다. 오감을 자주 열고 행복을 놓지지 말자.
이 작은것으로도 얼마나 충분한가?"

숲 체험에 참여했던 적이 있었다. 강사님은 우리에게 각자 마음에 드는 나무를 찾아 앞에 서 보도록 하였고, 자신이 선택한 나무와 대화하는 시간을 갖는 임무를 주었다. 우리는 각자의 나무를 찾느라 분주했고 한참 후 자신의 나무를 찾아 그 앞에 멈춰 섰다. 나는 백 년이 훨씬 넘어 보이는 커다란 소나무가 마음에 들었다. 친근하기도 하고 전에 살던 집 앞의 나무와 닮았다는 이유 때문이어서일까? 반가움에 첫마디가 "잘 있었지?"였다. 같은 소나무라서 가족이려니 하고 서로 안부를 주고받을 거라는 나만의 엉뚱한 상상을 한 것이다. 그런데 참 신기했다. 천천히 나무와 이야기를 나누고 있자니 그냥 들어주기만 하는 나무가 꼭 엄마 품 같기만 했다. 주절주절 잘도 나왔다. 그곳에 엄마와 둘만이 있는 것, 마냥 편안했다.

나무와 대화를 한다는 건 곧 나를 만나는 것과 같다고 생각한다. 소리 없이 가만히 들어주는 나무를 바라보는 것만으로 큰 위로가 되었다. 나무들은 아주 먼 거리를 넘어 대화하고 숲 전체가 하나의 생명체처럼 움직인다는 해설도 들으며 새로운 세계를 경험하는 시간이었다. 나무 꼭대기를 올려다보았다. 하늘 높이 뻗어 있는 나무들은 서로가 서로를 안고 보호해 주는 것만 같았다. 돌아오는 길에 키 큰 소나무는 나에게 말을 건넸다. "잘살고 있구나. 괜찮다." 메아리가 되어 어느새 내 마음에 울려 퍼졌다. 그 시간 이후 숲을 보는 시각이 완전히 달라졌다.

우리의 인생에는 아직 경험하지 못한 재미있는 일들이 끊임없이 일어난다. 내 세계를 넓혀 주는 일을 할 때, 내 세계를 넓혀 주는 사람을 만날 때 가장 흥미롭고 재미있다. 아마도 당분간은 계속될 것만 같다. 저는 사람 부자입니다.

5

하나뿐인 나에게 예의를 갖춰라

인생은 길다. 다만, 낭비하는 시간이 많아서 빠른 것처럼 느껴질 뿐이다.

10년을 동고동락한 반려견을 보내고 나에게 남은 건 후회뿐이었다. 함께한 모든 날들은 그 어떤 것으로도 대신할 수 없었지만, 반려견이 떠난 후의 날들은 바람에 나부끼는 갈대처럼 나의 마음도 좀처럼 갈피를 잡지 못했다. 내가 주었던 것보다 받은 사랑이 너무나 컸기에 그의 빈자리는 그리움을 넘어 가슴이 뻥 뚫린 채 채워지지 않았다. 조금만 더 조금만 더 잘해 줬어야 했는데… 하는 마음뿐이었다. 산책을 더 자주 해 주지 못한 것, 더 놀아 주지 못한 것, 많이 외롭게 한 것 등등 후회는 눈덩이처럼 데굴데굴 쌓이기만 했다. 심장이 타들어 가는 통증이 날 갉아 먹는 것 같았다. 꽤 오랜 시간 외상으로 남았다. 멀쩡하던 내 몸은 여기저기 적신호가 일어났고 불면과 우울감이 짙어졌다. 이런 신체화 증상을 회복하는데 꽤 많은 시간이 필요했다. 하지만 누가 툭 건드리기만 하면 아직도 눈물이 왈칵 쏟아진다.

정호승 시인은 "인간은 상실을 겪을 수밖에 없는 존재며, 살아간다는 것은 그러한 상실과 상실로 인한 외로움, 즉 슬픔과 고통을 견디며 살아가는 것"이라고 말한다. 그렇다. 언젠가는 떠날 것을 알지만 예기치 않게 찾아온 상황은 많은 것을 잃게 한다. 후회하는 것만으로 현실을 제거하거나 돌이킬 수는 없다. 그러니 충분히 슬퍼하고 자신으로 살아갈 힘은 남겨 두도록 하자.

앞으로 크고 작은 일들은 순리대로 우리에게 다가올 것이고, 그럴 때마다 후회는 덤으로 찾아올지도 모른다. 살면서 자신을 탓하는 일들을 매번 겪으며 지나가겠지만 돌이켜 보면 다시 그때로 돌아간다 해도 더 잘 해낼 거라는 확신은 쉽지 않다. 그러니 당신은 최선을 다한 것이다. 지난 일에 오랜 시간 자신을 가두지 말아야겠다. 후회는 할 수 있지만, 현실을 겸허히 받아들이는 자세가 필요하다. 우리가 할 수 있는 일은 충분히 슬퍼하고 상실로 인한 슬픔을 견디는 것이다.

앞으로 다시 기회가 온다면 이보다 더 지혜로워질 테니까 걱정하지 말자. 실패는 성공의 어머니라고 하지 않았나. 우리는 실패를 통해 배우고 분명 더 성장하게 될 게 분명하기 때문이다. 계속해서 지난 실수에 집착하게 되면 모든 일에 리듬이 깨진다. 자신만의 루틴을 회복해 앞으로 나아가야 한다. 자신을 지키면서 살아가는 것이 나에 대한 예의란 걸 이제야 알았으니 얼마나 다행스러운 일인가. 많은 후회는 하나뿐인 나에게 예의가 아니라는 생각이 든다.

당신은 자신만의 시스템이 있는가? 어떤 조직이든 시스템만 잘 갖춰져 있다면 효율적이고 편리하다. 시스템이란 필요한 기능을 실현하기 위하여 관련 요소를 어떤 법칙에 따라 조합한 집합체이다.

사람에게 시스템은 무엇일까? 시스템은 좋은 습관이다. 좋은 습관을 반복적으로 하면 내 것으로 만들 수 있다. 자신의 좋은 습관은 현재 자신의 모습을 말해 주고 미래를 만들어 가는데 가장 결정적인 역할을 한다. 그러니 자신만의 시스템을 잘 갖추는 일은 어떤 일보다 우선시되어야 한다. 나의 무의식에 자동으로 스며들어 나 자신이 될 때까지 무한 반복해야 한다. 결국 자신이 의식하지 않고 자연스럽게 움직이는 것이다. 당연히 그래왔던 것처럼 몸에 밴다. 미래의 삶도 현재의 습관으로 결정되기 때문이다.

나는 반드시 모닝 루틴을 지키려고 한다. 이제는 몸에 익숙해져 자연스러운 일상이 되었다.

* 아침에 일어나면 침대를 정리한다.
* 스트레칭을 하고 명상을 한다.
* 따뜻한 물을 마신다.

일상에서의 루틴은 습관화를 말한다. 좋은 습관으로 시스템을 만드는 것이다. 말하자면 습관은 거의 의식하지 않고 행하는 것이고, 루틴은 더 높은 의도와 노력이 있어야 한다.

새벽 기상은 어렵지만, 제시간에 일어날 수 있도록 알람을 켜 둔다. 시스템화하는 것 알람을 켜 두는 이유는 나만의 루틴을 지키기 위함이다. 기상 습관이 되면 알람은 필요 없어진다. 우리는 루틴을 지속적으로 하면서 습관으로 만들 수 있다. 모닝 루틴뿐 아니라 저녁 루틴도 자기 방식대로 만들 수 있다.

내일은 무슨 일이 있어도 꼭 해내고야 말 거야 하는 의지는 환경을 이길 수 없다. 자신의 의지를 시험하는 것이 아니라 환경을 만들고 고민할 시간을 줄이는 나만의 시스템을 형성해 놓는 것이다. 시스템을 가지고 있느냐 없느냐에 따라 인생을 조금 편하게 살 수 있다. 그것이 또 건강의 비결임을 터득하는 중이다. 반복하면 결국에는 좋아진다.

예를 들어, 내가 만들어 놓은 인생 루틴은 다음과 같다.

아침에 침대를 정리하는 것, 영양제를 꼬박꼬박 챙겨 먹는 것, 매일매일 글을 쓰는 것, 저녁에 따뜻한 물로 샤워하는 것, 식사할 때 천천히 충분히 씹는 것, 상대방 말을 끝까지 들어 주는 것, 한 달에 한 번 데이트하는 것anyone, 딸이랑 시비 붙지 않는 것, 잠들기 전 내게 웃어 주는 것들이다.

누구나 자신만의 루틴으로 삶을 설계해 스트레스에서 좀 더 자유로워지기를 소망해 본다.

보다 행복한 삶을 위해 가족 치료의 어머니로 불리는 버지니아 사티어Virginia Satir의 "나의 자존감 선언My Declaration of Self-Esteem"을 소개한다.

"세상 어느 곳에도 나와 똑같은 사람은 존재하지 않는다.

어느 부분이 나와 비슷한 사람은 있겠으나

나와 완전히 똑같은 사람은 없다.

나로부터 나오는 모든 것은

나 혼자서 선택한 것이므로

진정 나의 것이다.

나는 나에 대한 모든 것을 소유한다.

내 몸과 내 몸이 하는 것을

노여움이나 기쁨, 좌절, 사랑, 실망, 흥분….

내가 느끼는 모든 감정들

내 입과 거기서 나오는

공손하거나 달콤하거나 거칠거나

옳거나 틀린 모든 말들

나 자신과 다른 사람에 대한 나의 모든 행동들

나는 나의 꿈과 희망과 공포심을 소유한다.

나는 나의 모든 업적과 성공, 실패와 잘못을 소유한다.

내가 나 자신을 친절하고 사랑스럽게 대하는 한

나는 용감하고 희망차다.

문제에 대한 해결책을 찾고

내 자신에 대해서도 좀 더 잘 알아낼 수 있을 것이다.

내가 다른 사람에게 어떻게 보이고 들리든,

무엇을 말하고 행동하든,

또 주어진 순간 무엇을 생각하고 느끼든

그 모든 것은 나다.

나는 나의 주인이며 나는 나를 조절할 수 있다.

나는 나이며 나는 괜찮다.”

자신과 알고 지낸 세월이 중요한 게 아니라고 했다. 살면서 얼마만큼 자신을 이해했느냐가 훨씬 중요하다는 말이다. 아무리 노력해도 안 되는 일은 때론 과감히 포기하는 용기도 필요하다. 일뿐이 아니다. 사람 관계에서도 마찬가지이다. 원수 사이가 돼서 죽네 사네 해도 남을 사람은 내 곁에 남게 되고, 호형호제하던 사이도 욕심을 위해 하루아침에 떠날 수 있다. 그러니 집착하지 않아야 한다. 누군가에게 맞추려고 너무 노력해 진을 다 빼지 말고, 그럴 필요도 없다.

그저 지금 이대로의 나를 이해하고 아껴 주면서 사는 게 자신을 위해 이롭다. 빈 시간을 누군가로 채우려고 바둥거리지 않고 그 시간에 산책을 하던지 책을 가까이하자. 내가 나에게 흐뭇해할 때가 가장 행복한 순간임을 잊지 말자.

“습관이란 인간으로 하여금 어떤 일이든지 가능하게
만든다.”

-도스토예프스키-

6

기왕이면 멋진 꼰대라는
소리가 좋지

"걱정거리를 두고 웃는 법을 배우지 못하면 나이가
들었을 때 웃을 일이 전혀 없을 것이다."

- 에드가 왓슨 하우 -

영국 화가 데스 브로피Des Brophy의 그림을 볼 때마다 '나도 저렇게
나이 들고 싶다'라는 생각을 한다. '그렇지! 나이 들어도 이렇게 즐겁
고 여유로울 수 있어야지' 나의 노년도 즐거운 인생이 될 거라는 믿음
을 갖게 한다. 아름다운 노년은 세상을 향해 마음을 열고 사람들에
게도 관심을 게을리하지 않고 순간을 즐길 줄 아는 풍요를 말해 주
는 듯하다. 그의 그림은 대중 친화적이다.

그림 속으로 들어가면 쏟아지는 빗줄기에 아랑곳하지 않고 놀이하 듯 흥겹게 몸을 맡기고 너울너울 춤추는 여유로움이 부럽다. 서두를 필요가 없는 그들만의 시간을 즐기는 편안함은 포근하기까지 하다. 뒤뚱뒤뚱 걸음도 느릿느릿 할머니 할아버지들의 귀엽고 사랑스러운 모습은 노년의 유쾌한 삶을 엿보는 재미가 더해진다. 인생은 즐거운 것이라고 미소를 부르는 전시장을 오가며 나도 마음속으로 외쳤다. 아이처럼 신나게 뛰어놀 수 있는 천진난만한 그들에게 고민이나 괴로 워하는 모습은 보이지 않는다.

인생에 희로애락이 왜 없겠는가? 하지만 함께 어우러져 그마저도 아름다운 화음을 만들어 내는 데스 브로피의 그림은 내게 카타르시 스다. 그래서 그의 그림을 아끼고 사랑한다. 유독 뒷모습이 많은 그림 도 마음에 든다. 어떤 모습을 상상할지 독자의 몫으로 남겨둔 것이라 는 개인적인 생각을 해 본다. 우리 인생에서 즐거운 장면을 떠올리고 바라보는 그것만으로도 기분이 좋아질 수 있으니까.

작가는 "사람들이 제 작품을 보고 웃는 모습을 바라보는 게 참 좋 아요. 제 그림 속에서 자기 자신이나 가족, 친구들의 모습을 발견하고 기분이 좋아져 웃는 거거든요. 즐거운 장면이 떠올라 그리다 보면 제 얼굴에도 미소가 가득해지는 걸 알 수 있어요. 제 전시에서 사람들 이 경계를 풀고, 춤추는 사람들을 보며 기쁨을, 거친 바다를 헤쳐나 가는 배를 바라보며 에너지를 느끼면 좋겠어요. 기쁨과 에너지! 그게 제가 표현하고자 하는 전부에요."라는 말을 남겼다.

그래서 자꾸 웃게 되는 것이었구나! 그 장면 속에 내가 있고, 친구가 있고, 작가는 리듬감과 박자감을 실어서 우리에게 선물을 안겨 주었던 거였구나!

그림은 우리에게 묻는다. 함께 있는 것만으로 그저 기쁜 사람이 옆에 있는가를…. 어떤 모습으로 나이 들 것인가? 이런 고민도 데스 브로피의 그림에서 영감을 얻는다. 나이가 들어도 엄격한 어른보다 자상한 어른이 유쾌하고 즐거운 인생을 살 수 있다는 것을 말이다.

어릴 적 만화를 좋아했던 아들은 특히 《도라에몽》을 애지중지했다. 아직도 책장 한 곁에 가지런히 꽂혀 있을 정도이니 남다른 애정이다. 그 덕에 만화의 매력에 빠져 헤어 나오지 못한 나는 누구보다 신작을 애타게 기다렸던 기억이 있다. 그때 만났던 만화책들은 전전긍긍하던 초보 엄마의 육아기를 살려냈고, 좌충우돌 아이들과 씨름할 때마다 잠깐이라도 웃을 수 있는 탈출구 역할을 했다.

그 당시 내가 느꼈던 만화 속에 등장하는 어른들의 모습은 하나같이 호탕하다는 거였다. 무슨 일에 크게 고민하지 않은 듯이 보였고 툭 던지는 말에 힘이 실려 있었다. 여유가 있고 낙관적인 그들이 부러워서 어느 날은 '나도 이런 엄마가 되어야지. 나도 이 할머니처럼 멋지게 말해야'라고 마음먹었다. 아마 직장으로 치면 신입이 선배를 바라보는 마음이었으리라. 나는 안 되는데 저 사람은 되는구나, 나도 해 봐야지! 좋은 건 닮고 싶은 마음이 생긴다. 재치 있고 호탕한 모습을 닮아가려고 애썼던 기억이 아른아른 떠오른다.

진구, 앤, 짱구, 스폰지밥, 뚱이, 코난, 센과 하꾸, 더 많은 추억의 친구들에게 고마울 따름이다. 시대가 바뀌고 문화가 세기를 뛰어넘어도 고전은 여전히 빛을 발하듯 주인공들이 들려주는 말에 여전히 위로와 힘을 얻는다. 누구에게나 자기를 붙들어 주는 말이 있을 것이다.

"인생이란 갖가지 재미들이 섞여 있는 환상 그 자체라고!
억지로 쓸고 닦고 청소하는 건 인생이 아니야!
재미없단 말이야!"

"자기는 별 고생도 않고 바로 누군가에게 의지하는 건
나쁜 버릇이에요.
의지할 사람이 언제 없어질지 모르는 법이니까"

"네 이름을 소중히 해야 한다."

"아무리 공부를 못해도, 아무리 싸움을 못 해도
어디에선가 너의 보석이 있을 거야.
그 보석들을 닦아서 네 영혼을 반짝반짝 빛내 줘."

"미래는 순간순간 달라지니깐 먼저 고민하는 것보다
지금을 열심히 살면 분명 좋은 일이 있을 거야."

"남들은 다 하는데 너만 못하는 건 절대 없어."

여전히 이 주옥같은 대사들은 아이들을 만날 때 요긴하게 쓰인다.

"선생님은 어디서 이런 얘기를 찾아오세요?"

"선생님 말씀은 저를 살려요."

가끔 이런 찬사를 들을 때마다 생각한다. 앞으로 십 년, 이십 년이 되어도 아이들의 동심을 지키며 말하는 어른이 되겠다고 다짐한다. 꼰대가 나이순이라면 우리는 어쩔 수 없이 누구나 꼰대가 된다. 하지만 꼰대는 나이순이 아니다. 꼰대라는 프레임을 씌우는 우리는 스스로 꼰대가 아니라 자신할 수 있을까?

서로가 자신들의 행동을 되돌아보지 못한다. 거울 속에 비친 자신의 모습은 보지 않으려 하고 자신의 눈에 비친 상대방의 행동만 보려는 데서 나온다. 상대방의 입장에서 바라다볼 수 있어야 한다. 기성세대도 젊은 세대도 자신들의 행동을 돌아보지 못한다면 당신도 누군가의 시선에선 꼰대이다. 내 생각대로 내 방식대로 행동하길 바라는 건 욕심이다. 그러니 기왕에 꼰대라면 멋진 꼰대라는 소리가 더 낫지 않을까? 말이 통하는 어른으로 나이를 먹는 게 유익하다.

가족 캠프 때 일어난 일이다. 가족을 소개하는 자리에서 일곱 살 된 손자가 "저는 우리 할아버지가 세상에서 제일 멋지다고 생각해요. 제가 어디서 이렇게 멋진 할아버지를 만나겠어요." 여기저기서 부러운 탄성이 터졌다. 손자 눈에 비친 할아버지의 모습이 궁금해진다. '우리는 같은 시대를 살아가는 같은 세대'라는 광고 문구가 이들에겐 안성맞춤인 듯했다.

밤새 눈이 소복이 내렸다. 몇몇 친구들이 눈을 굴리기 시작한다. 커다란 눈덩이 두 개를 굴려 눈사람을 만들어 놓는다. 그 광경을 보면서 문득 드는 생각이 눈을 굴릴 때 방향을 어떻게 잡아야 하고 또 굴러가는 눈덩이에서 손을 떼지 않아야 원하는 눈덩이를 만들 수 있다는 것이다. 어른이 된다는 것도 이런 게 아닐까? 괜찮은 어른이 되기 위해선 끊임없이 자신을 다듬고 부족한 면을 채우면서 진짜 어른으로 되어 가는 거라고 생각한다.

말하기보다는 듣는 어른으로, 인색하기보다는 지갑을 열어 베푸는 어른으로 그래서 어제보다 오늘 조금이라도 더 나은 어른이 되고 싶다.

만일 도라에몽 같은 미래 로봇이 내게 온다면 어떤 모습의 미래를 보여 줄까? 사뭇 기대되기도 하고 가능한 어두운 미래가 아니길 소망해 본다. 그러려면 항상 동심의 눈으로 세상을 바라보려는 마음을 잃지 말아야겠다는 다짐은 덤이다.

7

만약 내가 인생을 다시 산다면

"내 인생이 혼란스러웠던 게 아니라 집착이 문제란 걸
알았어."

– 영화 <먹고 기도하고 사랑하라> 중에서 –

덜 분주하게 살아가는 법을 터득할 것이다. 불안지수가 높은 성격
탓에 무슨 일이든 미리미리 해치워야 안심이 된다. 그러다 보니 살면
서 덜 실수하며 산 게 아닌가 싶지만, 오히려 마음은 더 급해졌음이
분명하다. 서두르고 빨리 해내야 한다는 조급증이 들어섰기 때문이
다. 하나를 얻고 두 개를 잃은 꼴이다. 일주일이라는 시간이 남았음
에도 매번 그 전에 끝내려고 모든 에너지를 쏟아붓는다.

몇 달 전이었다. 도서관에 들러 자료를 찾다 보니 시간 가는 줄 몰
랐다. 직원이 다가와서야 노트북을 닫고 주위를 둘러봤다. 아무도 없
었다. 불 꺼진 도서관을 터벅터벅 걸어 나오면서 '왜 그러고 사세요?'

내게 스스로 묻는다. 캄캄한 밤하늘을 올려다보니 별 하나뿐이었다. 저 별도 꼭 나를 닮은 듯했다. 뭘 하나 시작하면 끝을 보고야 마는 엉뚱한 고집은 살아 보니 별 도움이 못 된다. 적당히 끝낼 줄 아는 게 세상 살아가기 편하다.

워킹맘으로 살다 보니 한꺼번에 많은 걸 해내려는 오래된 습관이 나를 지배하게 되었다. 엄마의 변신은 무죄라며 요리사, 청소부, 식집사, 상담, 과외 선생까지 직업을 수시로 넘나들도록 부추기는 내 가족들 덕분이다. 엄마라는 허울 좋은 말 속에 이 모든 역할이 이미 꽉 들어차 있어 멀티플레이어라 부른다.

"요리사 해도 되겠네. 반찬가게는 별로야, 집밥이 최고야.
동네 빵집보다 더 맛있어. 우리 집이 최고야,
엄마가 가르쳐 주는 게 제일 좋아, 엄마가 최고야,
김밥가게 차리자!"

이런 말에 20년 동안 현혹되다 보니 나만 분주한 사람이 되어 있었다. 아마 스스로 자처했는지도 모른다. 자주 비우는 엄마의 빈자리를 보상해 주려는 듯이 살았다. 직장에서도 마찬가지다. 내가 가진 능력치를 넘어서 해내려니 늘 시간을 초과했다. 다행인지 불행인지 지금도 한 달 전에는 공백이 없다. 올해도 며칠 남지 않은 숫자를 세며 마음이 무거워진다. 나이 탓일까? 이제는 멀티로 사는 게 버거워진다. 한번 아프거나 지치면 회복하는 게 쉽지 않다.

내가 인생을 다시 산다면 아이들에게 많은 걸 해 주려 하기 전에 더 많이 안아 주련다. 반찬 가짓수를 채우기보다 한 가지만으로도 충분하다는 걸 알게 해 주련다. 멈추는 순간을 자주 갖고 멀티로 살지 않으련다.

　나는 나의 일터에서
　너는 너의 일터에서
　누구를 위한 일이 아닌
　자신을 위한 일을 한다.
　그래야
　훗날
　중도(中道)를 지킬 수 있으리라.

　그러니,
　지금
　나를 소모하지 않으리라.

　완벽주의자로 살지 않게 기도할 것이다. 인생을 숙제처럼 살지 말라는 말이 있다. 숙제는 아이도 어른도 부담이 되기는 마찬가지인데 살면서 무거운 꾸러미를 늘 들고 살아야 한다면 얼마나 피곤한 인생이 되겠는가?

　딸아이 초등학교 시절 체구도 키도 작았다. 책가방을 멘 어깨가 안쓰럽기 그지없었다. 입이 짧았다. 죽지 않을 만큼만 먹겠다고 고집

부리더니 반에서 제일 작았다. 그때 나는 죽기 살기로 먹이려 했고, 딸은 죽기 살기로 먹지 않으려 했다. 제 자식 앞에선 무지가 털털 털리는 상황을 그때는 모른다. 정작 무엇이 옳은 것인지 훗날 숱한 시행착오 역 앞에서 오열하기 전에는 새까맣게 모른다. 상담을 공부한다는 것이 이토록 부끄러울 수가 없다. 강의할 때 종종 딸과의 수난사를 얘기하곤 하는데, 어머니들의 이해와 공감력에 다시 무너진다. 이 같은 실수를 되도록 범하지 않기를 바란다.

우리는 맞닥트린 매 순간 숙제라고 생각하며 산다. 책임이라는 단어를 마음에 주홍글씨처럼 새기고 의무라는 맡은 직분을 한 보따리 손에서 놓지 못한다. 지금 당장 하지 않으면 무슨 일이 일어날 것처럼 초조해진다. 죽고 사는 일이 아니라면 오늘 할 일을 내일로 미루자. 지금 내가 하려는 것이 온전한 마음으로 하는 것인지 멈추고 바라보자. 특히 아이들에게 감정적으로 대하지 말자. 멈추고 바라보고 그다음도 늦지 않다.

최근 요가를 다시 시작했다. 내 숨결을 느껴 보고 내 마음에 호흡을 선물해 본다. 요가를 하다 보면 여러 동작을 하게 되는데, 내 몸의 한계를 내가 알게 된다. 남과 비교하지 않고 더 잘하려고 애쓰지 않아야 한다. 그대로의 나를 받아들이고 힘들면 잠시 멈추고 내 몸의 한계를 인정하면 된다. 마음이 편해지면 몸이 신호를 보낸다.

"코끝에 의식을 집중하고, 숨을 크게 들이마시고, 크게 내쉽니다."

나 자신을 존중하고 타인을 존중하는 하루를 차분히 맞이하라고
한다. 꼭 싸맨 꾸러미가 살며시 풀어져 있었다.

　만약 내가 인생을 다시 산다면
　완벽주의자로 살지 않게 기도할 것이다.
　많은 곳을 보려고 바둥거리지 않고
　한 곳에 오래 머무는 시간을 가지리라.

8

저는 영원한 선생님이
되고 싶습니다

"좋은 책을 읽는 것은 과거의 가장 뛰어난 사람들과
대화를 나누는 것과 같다."

- 데카르트 -

"선생님으로 계속 있어 주세요."

우표가 붙여진 편지를 받았다. 카카오톡과 인스타그램 DM Direct
Message 등이 일상이 되어 버린 요즘, 이런 손 편지를 받으니 기분이 참
묘하다. 놀랍기도 하고 고맙기도 하면서 궁금증이 앞선다. 누굴까? 왜
이 사람은 손수 편지까지 써서 보냈을까? 한 자 한 자 써 내려갔을 그
심정은 또 어떤 마음이었을까? 그는 또 나에게 답장을 받고 싶어 할까?

개봉하기도 전에 이 생각 저 생각이 머문다. 메일이나 문자가 아닌 손 편지로 전해지는 느낌은 매우 달랐다. 편지는 존경하는 선생님으로 시작되었다. 존경이라니! 이런 과찬을 받다니 한없이 부끄럽기만 하다. 편지의 주인은 5년 전 학업을 위해 급히 상담을 종결하고 떠난 여학생이었다. 이제는 30대가 된 그녀, 내 기억이 그다지 좋지 않다는 걸 예상해 우리가 만난 계절이 겨울이었다고 했다. 목에 두른 머플러까지 기억하는 걸 보니 맞다. 아직도 애장하고 있기에 틀림없다. 그녀의 편지에서 온기가 느껴졌다. 그때 나눴던 이야기가 글 속에 그대로 박혀 추억들을 실어 왔다.

처음 선생님이 제 손을 잡아 주셨는데 선생님 손이 너무 차가워서 멈칫했어요. 그런데 선생님이 그러셨죠. "○○ 님 손이 이렇게 따뜻하니 제 손이 금세 녹여지네요. 고마워요." 이 말을 잊지 못한다고 했다. "손이 따뜻해서 고맙다니요." 이 한마디가 늘 마음에서 떠나지 않았단다. 힘겨운 공부였지만 그 말로 버텼다니 뭉클하지 않을 수가 없었다. 편지를 읽으며 나도 그녀의 마음이었던 적이 있었던 때가 생각이 난다. 누군가의 말 한마디는 그 말을 들은 한 사람의 인생을 예상치 못한 곳으로 이끌기도 한다. 나를 살려내기도 해치기도 하는 걸 수없이 본다. 그녀는 절실히 그 말이 필요했고 스스로 그녀를 살린 말에 용기를 얻었다. 그녀와 쌓아온 추억이 주마등처럼 스친다.

그런 그녀가 편지를 보내온 것이다. 멀리 떠나는 그녀를 온 마음으로 응원했던 그 어느 날에 그녀를 회상했다. 얼마나 반가웠는지 모른다. 멀리서 그 따뜻하고 온기가 실린 손을 이번에는 내가 포근히 감싸안아 주고 싶었다. 공부 마치고 돌아온다는 그를 기쁘게 맞이해야겠다. 그녀의 마지막 글은 "제게 선생님으로 계속 있어 주세요."라는 문장으로 마친다.

대학원 수업을 마치고 종강 날에는 학생들의 소감을 들으려 한다. "교수님, 이제는 상담을 공부하고 싶다는 생각이 들어요. 이제 뭔가 시작해도 될 것 같아요." 늦깎이로 들어온 학생이 석사 두 학기를 마치고 했던 말이다. 대부분 학생은 상담에 적을 두고 있거나 같은 분야에서 일하든가 혹은 상담에 관심이 있어서 들어오는 경우가 많다. 하지만 그 대학원생은 전혀 다른 직업군을 갖고 있었다. 수업 시간마다 어렵다고 토로할 정도였으니 측은지심도 있었다. 그런 친구였기에 그가 던진 이야기는 고맙기도 하고 사뭇 기대된다. 그만큼 마음공부가 컸다는 얘기일 것이다. 다음 학기도 동료들과 다양한 경험을 통해 자기 치유가 건강하게 일어나 인생의 답을 찾아가는 과정이 되길 바란다.

꼭 상담실 안에서 치유가 일어나라는 법은 없다. 지나온 시간을 돌아보니 내게 온 인연들이 어떤 의도에 의해 맺어진 것이 아니란 걸 알게 되었다. 흐르는 강물처럼 더없이 잔잔하기도 하고 물살을 만나 굽이치기도 하지만 강이 있는 한 강물은 계속 흐른다. 어디에서든 우리는 인생의 스승을 만날 수 있다는 얘기다.

내담자가 지나간 자리에는 그들의 흔적이 남아 있다. 반듯하게 개어 놓은 무릎 담요, 여기저기 흩어진 재료들, 짧은 메모들, 아직 남아 있는 온기까지 각기 다른 모양으로 자신을 대변한다. 그들이 초대한 그 기억의 한 곁에 잠시 머물며 조금은 덜 외롭기를 바라고 조금은 덜 힘들기를 기도해 본다.

제프리 코틀러 Jeffrey A. Kottler 는 그의 저서 《상담자가 된다는 것》에서 상담자의 길은 "상담보다 더 성취감과 만족감을 줄 수 있는 직업은 없으며, 지속적인 배움과 성장의 기회를 제공하는 일은 드물다. 상담자가 되는 것은 참으로 오랜 일생 동안의 여정이며, 다른 사람들과 함께 걸어가는 깨우침과 구원의 길이다. 가는 길에 많은 장애물이 있는 미지의 세계로의 여정인 것이다."라고 거듭 말한다. 그 여정이 끝날 때 기꺼이 손을 놓을 수 있는 용기를 갖게 되는 곳이 이곳이었으면 하는 소망을 가져 본다.

나는 늘 꿈꾼다. 상담을 하다 잠깐 쉬러 이곳을 떠나게 될 거라고. 그때는 흰머리를 염색하지 않아도 서리 내린 모습도 봐줄 만할 거라는 생각이 든다. 아이들과 있을 때가 제일 즐겁고 내담자들과 함께 있는 시간이 내 자리라는 걸 안다.

종종 나의 얼굴을 그려 주는 친구들도 많다. 그림들을 한 데 모아 두면 멋진 자화상 전시회가 될 것도 같다. 해마다 다르게 표현되는 그림 속의 나를 보며 그들과 함께 세월을 보내는 것이 축복이란 감사함으로 밀려온다.

미래의 나에게

"기껏해야 60세 정도로밖에 보이지 않아요."라고 말하자,
"아니, 그렇게 나이 들어 보여요?"

할머니의 재치 있는 유머가 이곳에선 유쾌하게 흘러넘친다.

오늘 아침은 다른 날에 비해 일찍 기상을 했다. 오전이면 방학식을 마친 아이들이 시끌벅적할 것이다. 주문한 쿠키를 굽고 시원한 매실청을 얼음에 동동 띄워 냉장고에 빼곡히 줄 세우기를 마치고 나서야 차 한 잔이 내 몫이 되었다. 창 너머로 보이는 담쟁이넝쿨이 짙은 청록을 띠는 것이 이번 여름도 열대야 무더위를 예상하게 한다.

연구실을 이전하며 많이 고민했다. 첫 번째 자연에서 마음껏 뛰고 쉴 수 있는 공간일 것, 두 번째 교통수단이 용이할 것, 세 번째 연령에 제한을 두지 말 것이었다. 긴 시간을 공들여 많은 분의 염원으로 새 둥지를 틀었다. 어느덧 세 번째 생일이 다가오고 있다. 한곳에 정착하기 위해선 몇 해의 계절이 지나야 제자리를 잡는다고 한다. 나무도 몇 번의 가지치기를 하고 땅을 디디는 힘이 있어야 뿌리를 뻗는다. 꽃과 화초들, 사람도 마찬가지다. 이곳엔 잔뿌리로 자신을 지켜 내려고 몸부림하는 들꽃까지 식구들이 많아졌다. 제자리를 찾아서 해내는 모든 살아 있는 것에 감사가 커진다. 지금 아니면 들을 수 없고 볼 수 없는 것들이다. 계절을 데려가고 데려오는 자연의 순리를 맞이하는 재미가 쏠쏠하다.

간만에 의자에 앉아 있다. 잘 쓰지도 못하는 글을 써 보겠다고 덥석 받아 놓은 상태라 살짝 고민하는 중이다. 이내 눈이 가는 곳은 바람에 진눈깨비가 흩날리는 창가로 시선이 멈춘다. 밤늦은 시간이지만 진눈깨비 덕에 한 문장이 떠오른다. 나는 그냥 창문을 열어두기만 하면 된다. 비좁았던….

각 전문 분야의 선생님들이 섹션마다 이곳에 여행을 오신다. 먼 길 마다하지 않고 와 주시니 이보다 더 큰 복이 어디 있으랴. 나는 그저 그들을 대접하는 게 일상이 되었다. 여전히 상담사 할머니라는 명함은 유효하고, 나를 찾는 방문객과 시간을 보낸다. 미술치료의 영역이 넓어져 더 많은 시간을 할애하기도 한다. 자연 매체에 관한 연구도 쉽 없이 하고 있다. 가끔 칼럼을 쓰며 자연에 대한 예찬이 많아지는 중이다.

저는 여전합니다. 여러분도 편안하시겠죠.

에필로그

EPILOGUE

인생은 거대한 스토리입니다. 그 스토리는 과거, 현재, 미래를 옮겨 놓는 한 편의 영화라는 생각이 듭니다.

영화는 시나리오에 따라 전개되듯이 자신의 인생 시나리오는 각자 의 영역입니다. 저는 제 인생 영화를 재미있게 찍고 싶습니다. 어떤 배역의 역할이든 고군분투하면 영화는 감동적일 수밖에 없으니까요. 스토리는 결국 캐릭터들이 이끌어 가는 것인데 '어떤 인물로 등장할 것인가?'라는 물음은 자신만이 알고 있습니다. 자신의 인생 시나리오 는 자신이 쓰기 때문입니다. 그 시나리오 중에 출간 작가라는 배역이 제게 주어졌습니다. "나에게는 세상에서 가장 쓸모없는 졸작을 쓸 권 리가 있다."라는 나탈리 골드버그의 말에 겁도 없이 용기를 내었습니 다. 그만큼 저의 부족함을 온전히 확인하는 시간이었습니다. 앞으로 제가 30년을 더 산다면, 나에게 이 봄 이 계절은 30번을 더 볼 수 있 을 겁니다. 그러니 얼마나 다행인지요. 같은 배역을 두 번 세 번 하다 보면 연기력이 늘듯 저도 글 쓰는 사람으로 훈련될 게 뻔하거든요. 그때의 저를 그리며 위안을 삼으려 합니다.

심리상담가로 활동하며 수많은 이들과 인생의 이야기를 나누고 있습니다. 그중에 많은 사람이 관계에 어려움을 호소합니다. 특히, 인간관계에서 해결되지 않은 부분이 누군가와 '화해'를 미루고 있는 것임을 알게 됩니다. 때를 놓쳐서, 용기가 없어서, 혹은 미움이 아직 남아서 이유는 다 있습니다. 이 책은 삶이 주는 다양한 문제를 직면하면서 겪게 되는 일이 나뿐만이 아니라 인생 시나리오 속 누구에게나 일어나는 일임을 말합니다. 미술·영화·책 등 다양한 매체로 심리 문제를 다루면서 자신의 내면 속 깊은 여행을 통해 진정한 화해의 문을 열게 되는 강력한 힘 또한 그들 자신에게 있다는 걸 담고 있습니다. 결국 화해는 자신으로부터 시작됩니다.

살면서 우리는 가족, 친구, 동료, 연인 등 갈등의 골이 깊어 화해의 시기를 놓쳐 영영 남남이 되기도 합니다. 미해결 과제 하나씩은 간직한 채 살아가면서 가슴속 이야기를 외면해 버립니다. 나와 화해하고 싶은, 엄마와 화해를 꿈꾸는, 아들과 만나기를 소망하는, 화해가 늦어지고 있는, 화해가 힘겨운 당신을 돕는 이야기를 글 속에서 만나기를 바랍니다.

좋은 분들과의 특별한 만남이 없었다면 이 책은 나올 수 없었을 겁니다. 저보다 저를 더 믿어 주시는 분들의 사랑을 받았습니다. 끝까지 믿어 주신 광문각 박정태 대표님께 진심의 마음을 전합니다. 저는 여전히 인생 시나리오를 쓰는 중입니다.

2024년 4월 봄 한 모퉁이에서

나는
지금 화해하는
중입니다

초판 1쇄 발행   2024년   7월   11일
초판 1쇄 발행   2024년   7월   20일

펴낸이   박정태
편집이사   이명수   출판기획   정하경
편집부   김동서, 박가연
마케팅   박명준, 박두리   온라인마케팅   박용대
경영지원   최윤숙

펴낸곳   Book ★Star
출판등록   2006. 9. 8. 제 313-2006-000198 호
주소   파주시 파주출판문화도시 광인사길 161 광문각 B/D 4F
전화   031-955-8787   팩스   031-955-3730
E-mail   kwangmk7@hanmail.net
홈페이지   www.kwangmoonkag.co.kr

ISBN   979-11-88768-84-4   03180
가격   16,000원